话偏有说旁

刘克升 著

自 然 卷

人民东方出版传媒
People's Oriental Publishing & Media
东方出版社
The Oriental Press

图书在版编目（CIP）数据

偏旁有话说. 自然卷 / 刘克升著. —北京：东方出版社，2024.10
ISBN 978-7-5207-3610-7

I. ①偏… II. ①刘… III. ①偏旁—儿童读物 IV. ① H122-49

中国国家版本馆CIP数据核字（2023）第163725号

偏旁有话说：自然卷
（PIANPANG YOUHUASHUO: ZIRAN JUAN）

作　　者：	刘克升
策　　划：	王莉莉
责任编辑：	赵　琳　张　伟
产品经理：	赵　琳
出　　版：	东方出版社
发　　行：	人民东方出版传媒有限公司
地　　址：	北京市东城区朝阳门内大街166号
邮　　编：	100010
印　　刷：	北京联兴盛业印刷股份有限公司
版　　次：	2024年10月第1版
印　　次：	2024年10月第1次印刷
印　　数：	1—5000
开　　本：	660毫米×960毫米　1/16
印　　张：	13.75
字　　数：	125千字
书　　号：	ISBN 978-7-5207-3610-7
定　　价：	210.00元（全六册）

发行电话：（010）85924663　85924644　85924641

版权所有，违者必究

如有印装质量问题，我社负责调换，请拨打电话：（010）85924602　85924603

目录

山字旁 ○ 001

水字旁 ○ 006

两点水 ○ 012

三点水 ○ 017

火字旁 ○ 023

四点水 ○ 028

三撇儿 ○ 033

三拐儿 ○ 039

宝盖儿 ○ 044

穴宝盖 ○ 049

名帖赏析 ○ 054

厂字旁 ○ 055

广字旁 ○ 061

石字旁 ○ 067

麻字旁 ○ 072

小字旁 ○ 076

少字旁 ○ 081

幺字旁 ○ 086

名帖赏析 ○ 091

紧字底 ○ 092

绞丝旁 ○ 097

土字旁 ○ 102

木字旁 ○ 108

名帖赏析 ○ 114

屮字旁 ○ 115

草字头 ○ 119

青字旁 ○ 125

名帖赏析 ○ 130

竹字头 ○ 131

攴字旁 ○ 137

氏字旁 ○ 142

名帖赏析 ○ 148

氐字旁 ○ 149

日字旁 ○ 154

月字旁 ○ 159

夕字旁 ○ 164

气字旁 ○ 170

雨字头 ○ 175

名帖赏析 ○ 181

禾字旁 ○ 182

麦字旁 ○ 188

黍字旁 ○ 193

豆字旁 ○ 197

香字旁 ○ 203

米字旁 ○ 208

名帖赏析 ○ 214

山字旁

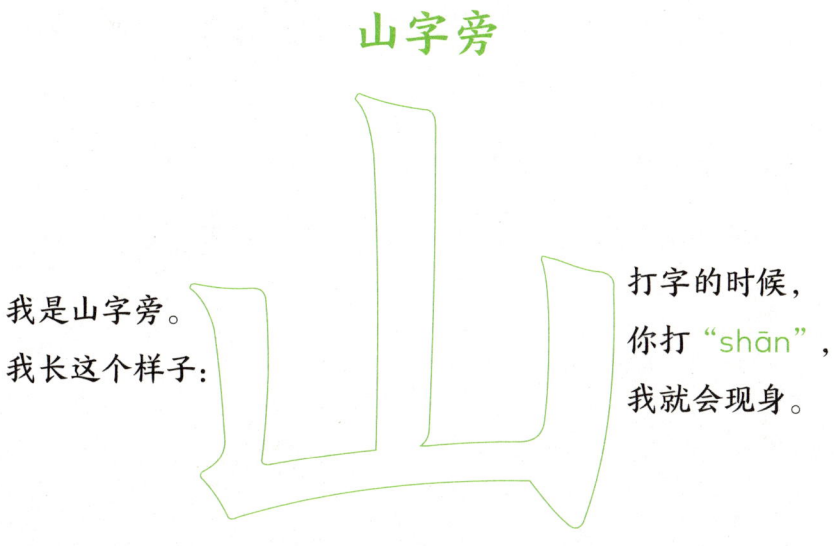

我是山字旁。
我长这个样子：

打字的时候，
你打"shān"，
我就会现身。

我的祖先很酷。它们长这个样子：

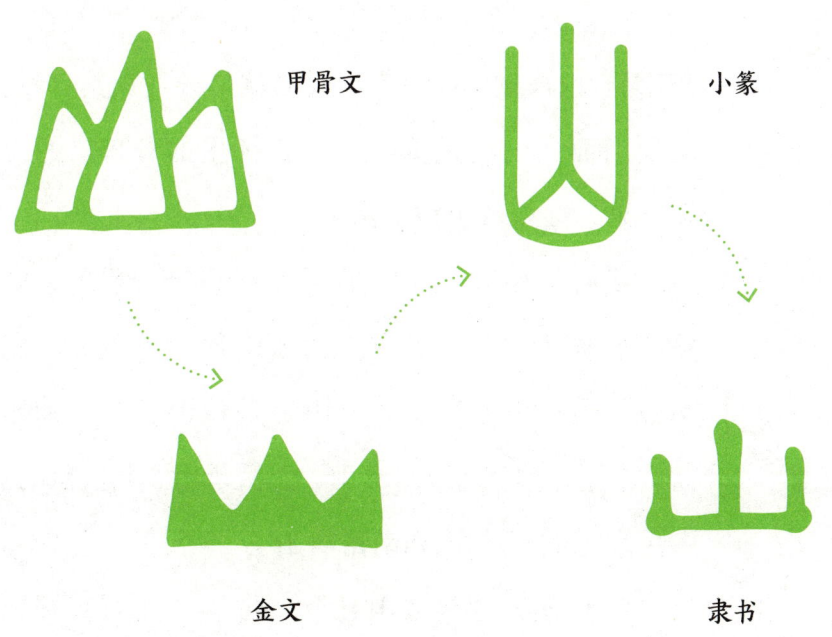

甲骨文　　小篆

金文　　隶书

你看我的甲骨文祖先，像不像绵延耸（sǒng）立的群峰？下面那一横，是不是代表地平线？

后来，是不是慢慢演变成了一竖、一个横折和另外一竖？

我的故事

我呀，其实就是那个"山"字，最初的意思是山峰。

在古人眼里，我能散地气，出云雨，生万物。"云无心以出岫（xiù）"，说的就是云气顺其自然，从我上面的山洞里飘出来。我怀里的鸟兽、蛇虫和百果，多得数也数不清。

我有大山和小山之分。大到一定的程度，就被人们称为"岳"。中国的名山很多，最有名的当数"三山五岳"。"三山"是黄山、庐山和雁荡山。"五岳"是东岳泰山、西岳华山、北岳恒山、中岳嵩（sōng）山和南岳衡山。

我和丘合称为"山丘"。古有"无石曰丘，

有石曰山"之说。这里的"石",指的不是石头,而是由石头构成的山崖(yá)。我四面都是耸立的山崖,高不可攀。丘则低而无崖,像个大馒头。

我和水合称为"山水"。"山不厌高,水不厌深",是说我和水从不满足于现有的高大和深广。

"山高水深",必然会造成"山阻水隔"。我们虽然给人们带来了不便,但更有"山清水秀"的一面。大家"压力山大"的时候,可以融入我们的怀抱,尽情地放松自己。

"山际见来烟,竹中窥(kuī)落日。"(出自南北朝·吴均《山中杂诗》)

"蝉噪林逾(yú)静,鸟鸣山更幽。"(出自南北朝·王籍《入若耶溪》)

很多古诗词里都有我的身影。

我来造字

我们这个家族的汉字,主要和山有关。

我通常待在我朋友的左边,有时候也跑到其他位置。

因为我是以"山"字的身份做偏旁,所以大家都叫我"山字旁"。

小篆

岱

隶书

我遇到"代"字，
就变成了"岱（dài）"字。

浮云连海岱，平野入青徐。海为渤（bó）海，三面环陆。岱为泰山，五岳之宗。

小篆

嶂

隶书

遇到"章"字，
就变成了"嶂（zhàng）"字。

层峦叠嶂，山似屏障。

小篆

岭

隶书

遇到"令"字，
就变成了"岭"字。

翻山越岭，来到秦岭。
"岭"是"嶺"的简化字。

小篆

幽

隶书

遇到"幺（yāo）"字哥俩，就变成了"幽"字。

花木幽深，环境幽静，光线幽暗。

小篆

岛

隶书

遇到"鸟"字，吞掉一横，就变成了"岛"字。

海岛恰似水中山。群岛成群，列岛成列，半岛三面临水。

水字旁

我是水字旁。
我长这个样子：

打字的时候，
你打"shuǐ"，
我就会现身。

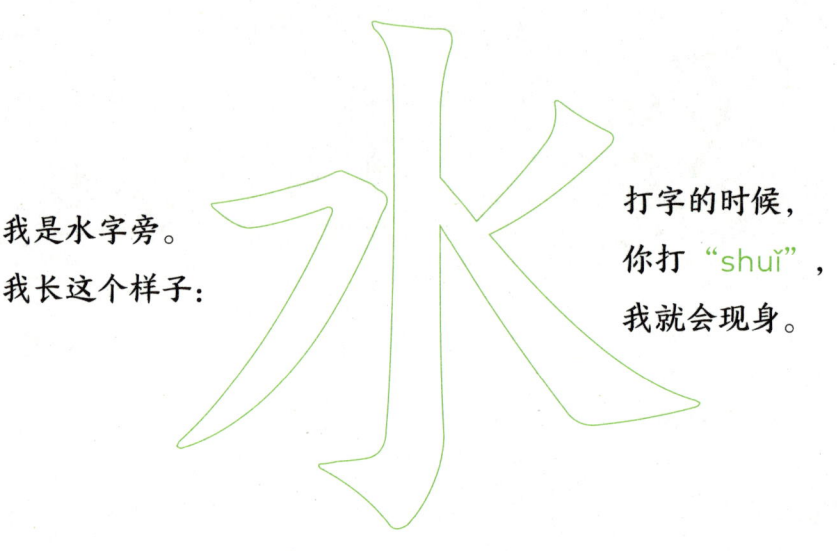

我的祖先很酷。它们长这个样子：

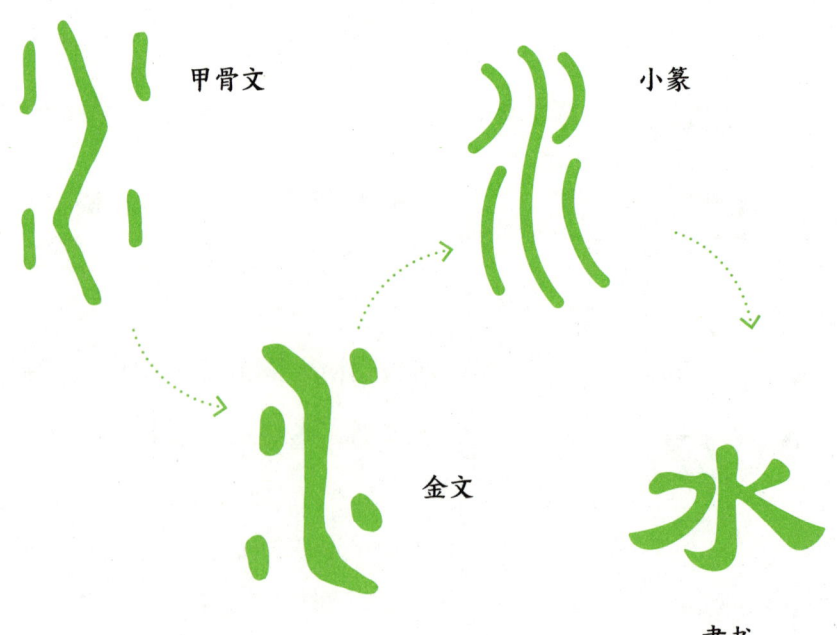

甲骨文　　　小篆

金文

隶书

你看我的甲骨文祖先,像不像蜿(wān)蜒(yán)流淌的河流?中间那个弯弯曲曲的笔画,是不是代表河体?两侧那些笔画,是不是代表汇聚而来的水滴或者波纹?

后来,是不是慢慢演变成了一个竖钩、一个横撇和一撇一捺?

我的故事

我呀,其实就是那个"水"字,最初的意思是河流,借指流水。

我是地球上最多的物质之一,约占地球表面积的70%。这让我们的地球看起来像是一个大水球。

我是生命之源,所有的生物都离不开我。

我分为液态、固态和气态三种,有时候会凝固成冰,有时候会汽化成水蒸气。

我无色无味,晶莹透明,素有"水往低处流"之说。东西南北中,哪里的地势低,我就流向哪里。江河湖海,以及太平洋、大西洋、印度洋、北冰洋"四大洋",都是由我汇聚而成。

我和其他类型的液体都具有流动性。人们常用我来借指液态物质。"铁水"和"铜水",指的分别就是液态铁和液态铜。温度升高到1000多摄氏度以后,固态铁和固态铜就会熔化成液态。

古人认为我的顶面是平的,没有其他东西比我还平,因而有"水平"和"水准"之说。其实,我和地球一样,表面都是弧形。

我灵活多变,可方可圆,流到什么样的容器里,就会变成什么容器的形状。

我是金、木、水、火、土"五行"之一。我能克火,火遇到我便熄灭。土能克我,可以阻挡我任意泛滥(làn)。

"朝看水东流,暮看日西坠。"(出自明·钱福《明日歌》)

"暗飞萤自照,水宿鸟相呼。"(出自唐·杜甫《倦夜》)

很多古诗词里都有我的身影。

我来造字

我们这个家族的汉字，主要和水有关，和液体有关。

我通常待在我朋友的脚下，有时候也跑到其他位置。

我偶尔也会变身，由原先的四画变成五画：一个竖钩、一点一提和一撇一点。

您看这时候的我，是不是有点散架或者水花四溅的感觉？

因为我是以"水"字的身份做偏旁，所以大家都叫我"水字旁"。

小篆

永

隶书

我遇到一点一横，
就变成了"永"字。

永在人间，永若初见。

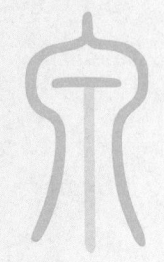

小篆

———

泉

隶书

遇到"白"字,
就变成了"泉"字。

泉水从泉眼里流出来。

小篆

———

浆

隶书

遇到将字旁(丬)和"夕"字,
就变成了"浆"字。

吃浆(jiāng)果,涂浆(jiàng)糊。"浆"字同"糨",浆糊即糨糊。

小篆

淼

隶书

遇到我弟弟和我妹妹，
就变成了"淼（miǎo）"字。

烟波浩淼（今多写为"浩渺"），
广阔无际。

小篆

黍

隶书

遇到"禾"字和一撇一捺，
就变成了"黍（shǔ）"字。

黍米酿（niàng）黍酒，黍秆扎
笤（tiáo）帚（zhou）。

两点水

我是两点水。
我长这个样子：

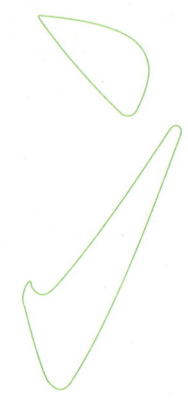

打字的时候，
你打"bīng"，
我就会现身。

我的祖先很酷。它们长这个样子：

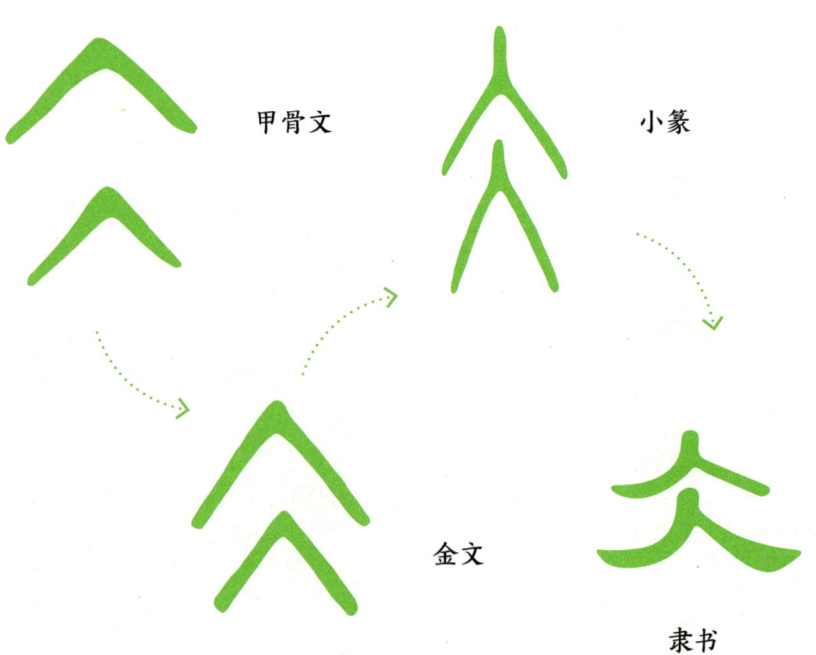

甲骨文

小篆

金文

隶书

你看我的甲骨文祖先，像不像水凝（níng）结成冰后，表面形成的纹理？

后来，是不是慢慢演变成了两组"一撇一捺"，形似一上一下两个"人"字？

到了我这一辈，是不是最终演变成了一点一提？

我的故事

我呀，其实就是那个"仌（bīng）"字，是它分化出来的写法，最初的意思是水凝结成的冰。

当"仌"字做了偏旁以后，人们另造一个"冰"字，代替它来表达它原来的意思。

"冰冻三尺，非一日之寒。"我以寒冷著称。"冰凉"和"冰冷"，还有"冰天雪地"，都是这一特性的反映。

气温升高后，我会重新化成水。"冰释（shì）"一词，是说像我一样融化，用来比喻嫌（xián）隙（xì）或者误会完全消除。

我通体洁白、透彻（chè），是高洁的象征，有"冰清玉洁"和"冰肌玉骨"之说。冰糖也是因为形状和颜色像我，所以才起了这个名字。

"欲渡黄河冰塞（sè）川，将登太行雪满山。"（出自唐·李白《行路难三首》）

"洛阳亲友如相问，一片冰心在玉壶。"（出自唐·王昌龄《芙蓉楼送辛渐》）

这些古诗词里的"冰"字，让我感到非常亲切，同时跟着沾染了一番诗意。

我来造字

我们这个家族的汉字，主要和寒冷有关，和凝固有关。

我总是待在我朋友的左边。

因为我长得好像两个水点，所以大家都叫我"**两点水**"。

小篆

凉

隶书

我遇到"京"字，
就变成了"涼"字。

好凉爽（shuǎng）啊！
"涼"原本是"凉"的异体字，
现在以"凉"为正体字。

小篆

冷

隶书

遇到"令"字,
就变成了"冷"字。

好冷啊!

小篆

冻

隶书

遇到"东"字,
就变成了"冻"字。

湖面上冻,结了厚厚的一层冰,
亮晶晶的,好像一面镜子。

小篆

隶书

遇到"列"字,
就变成了"冽"字。

寒风凛(lǐn)冽(liè)刺骨,地上滴水成冰,我的鼻子都要冻掉了。

小篆

隶书

遇到"台"字,
就变成了"冶(yě)"字。

工人师傅正在冶炼金属。金属化成液体又凝固了,能造汽车,造飞机,造航母……

三点水

我是三点水。
我长这个样子：

打字的时候，
你打"shuǐ"，
我就会现身。

我的祖先很酷。它们长这个样子：

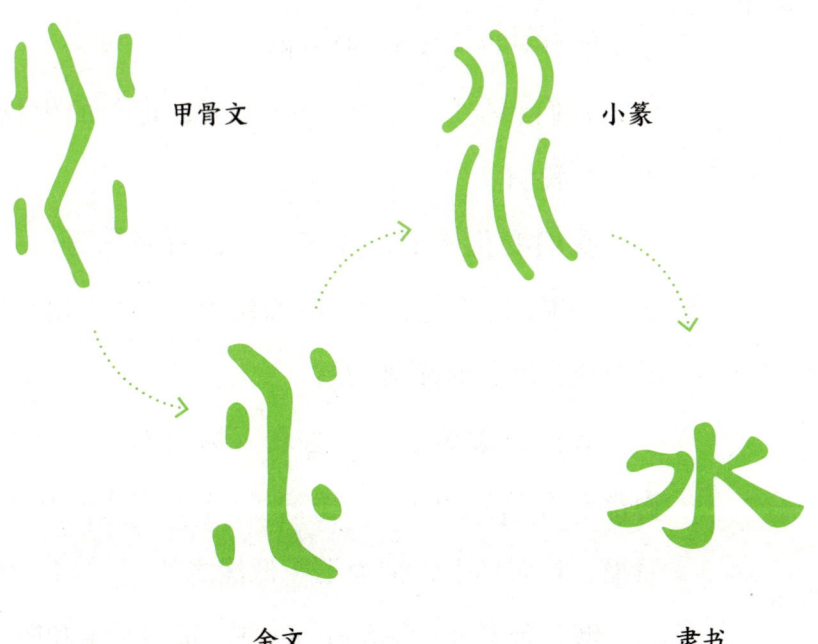

甲骨文　　小篆

金文　　隶书

你看我的甲骨文祖先,像不像蜿(wān)蜒(yán)流淌的河流?中间那个弯弯曲曲的笔画,是不是代表河体?两侧那些笔画,是不是代表汇聚而来的水滴或者波纹?

后来,是不是慢慢演变成了一个竖钩、一个横撇和一撇一捺?

到了我这一辈,是不是最终演变成了两点一提?

我的故事

我呀,其实就是那个"水"字,是它分化出来的写法,最初的意思是河流,借指流水。

我既然是"水"字的变体,自然也属于水族,很了解自己这个家族的特性。

我们和空气、阳光一样重要,世上的生物都离不开我们。

我们变化多端,姿态万千,时而化为云,时而化为雨,时而化为雾,时而化为露,时而化为霜,时而化为冰,时而化为雪。

我们以柔顺著称,善利万物而不争。万事万物都享有我们的滋(zī)润(rùn),我们却不求回报,甘居卑下,悄悄汇于低洼之处。

我们能载舟,也能覆(fù)舟。很多君主和贤哲,都从我们身上领悟到重视人民，依靠人民治国的道理。

我们能像绳锯木断一样，做到"水滴石穿"。很多成功人士，都从我们身上体会到保持恒心，坚持做事的重要性。

"在山泉水清，出山泉水浊（zhuó）。"（出自唐·杜甫《佳人》）

"心同流水净，身与白云轻。"（出自明·高攀龙《枕石》）

这些古诗词里的"水"字，让我感到非常亲切，同时跟着沾染了一番诗意。

我来造字

我们这个家族的汉字，主要和水有关。

我总是待在我朋友的左边。

因为我看起来像三个水点，所以大家都叫我"三点水"。

小篆

江

隶书

我遇到"工"字，就变成了"江"字。

大江滚滚东去。

小篆

河

隶书

遇到"可"字,
就变成了"河"字。

小河流水哗啦啦。

小篆

湖

隶书

遇到"胡"字,
就变成了"湖"字。

洞庭湖里划小船。

小篆

海

隶书

遇到"每"字,
就变成了"海"字。

海洋很大,海水很咸。

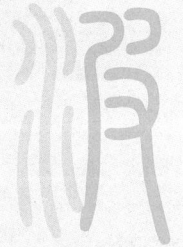

小篆

波

隶书

遇到"皮"字,
就变成了"波"字。

白毛浮绿水,红掌拨清波。

小篆

浪

隶书

遇到"良"字,
就变成了"浪"字。

浪花朵朵开。

小篆

沙

隶书

遇到"少"字,
就变成了"沙"字。

沙鸥(ōu)落到沙滩上。

小篆

沚

隶书

遇到"止"字，
就变成了"沚（zhǐ）"字。

溯（sù）游从之，宛在水中沚。
沚是水中的小块陆地，比小洲还要小，是小小洲。

小篆

淙

隶书

遇到"宗"字，
就变成了"淙（cóng）"字。

鸟鸣嘤嘤（yīng），流水淙淙。

火字旁

我是火字旁。
我长这个样子：

打字的时候，
你打"huǒ"，
我就会现身。

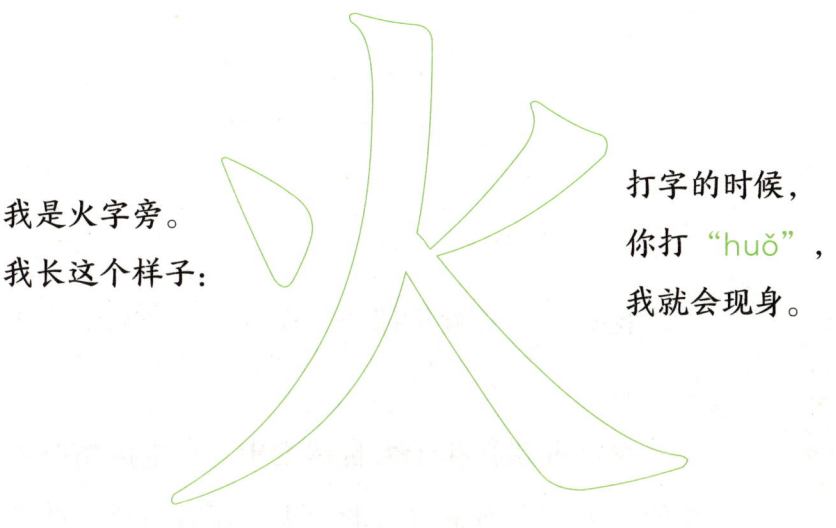

我的祖先很酷。它们长这个样子：

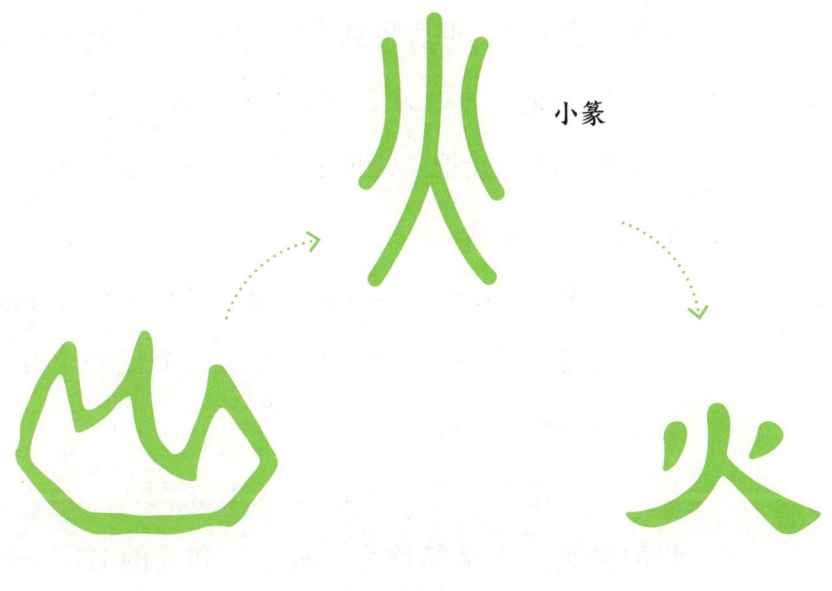

小篆

甲骨文

隶书

你看我的甲骨文祖先,像不像火焰的形状?

后来,是不是慢慢演变成了一点一撇和一撇一捺?

我的故事

我呀,其实就是那个"火"字,最初的意思是火焰。

我自古就存在于大自然之中,有电闪雷鸣引起的天火,有地下冒出的地火,还有空气中跳跃着的磷火。自从燧(suì)人氏发明了"钻燧取火"的方法,我就开始广泛为人类所用。他们用我烧烤和蒸煮食物,彻底告别了茹(rú)毛饮血的生活。

我是金、木、水、火、土"五行"之一。木能生我,我也能把木烧成灰烬(jìn)。我能生土,土也能令我熄灭。

"炎(yán)""焱(yàn)""燚(yì)"三字,都是由我组合而成。它们的火焰一个比一个旺,温度一个比一个高。

大火星即心宿(xiù)二。它很羡(xiàn)慕我的光亮,干脆简称为"火",和我的名字一模一样。"七月流火",说的就是它。每年夏历六月,它会出现于南天正中。七月以后,天气转凉,它开始向西移动,位置逐渐下沉。

"晚来雨初霁(jì),烟火隔林微。"(出自明·孙一元《晚霁》)

"逢人送家信,借火读天明。"(出自宋·项安世《李浦道中得家信》)

很多古诗词里都有我的身影。

我来造字

我们这个家族的汉字,主要和火有关。

我通常待在我朋友的左边,有时候也跑到其他位置。

因为我是以"火"字的身份做偏旁,所以大家都叫我"火字旁"。

小篆

灭

隶书

我遇到"一"字,就变成了"灭"字。

烟消火灭,云收雾敛(liǎn)。

"灭"是"滅"的简化字。

小篆

烛

隶书

遇到"虫"字，
就变成了"烛"字。

秉（bǐng）烛夜谈，小心火烛。
"烛"是"燭"的简化字。

小篆

烧

隶书

遇到"尧（yáo）"字，
就变成了"烧"字。

火烧连营。烧火做饭。

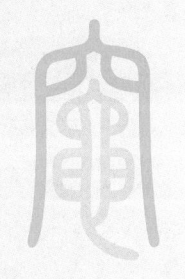

小篆

灶
隶书

遇到"土"字，
就变成了"灶"字。

沉沙无故迹，灭灶有残痕。
"灶"是"竈"的简化字。"竈"原本是"鼀"的异体字，后来变成了正体字，再后来又简化成了"灶"。

小篆

灿
隶书

遇到"山"字，
就变成了"灿"字。

星汉灿烂，若出其里。
"灿"是"燦"的简化字。

小篆

灯
隶书

遇到"丁"字，
就变成了"灯"字。

三更灯火五更鸡，正是男儿读书时。
"灯"是"燈"的简化字。"燈"原本是"鐙"的异体字，后来变成了正体字，再后来又简化成了"灯"。

四点水

我是四点水。

我长这个样子：

打字的时候，你打"huǒ"，我就会现身。

我的祖先很酷。它们长这个样子：

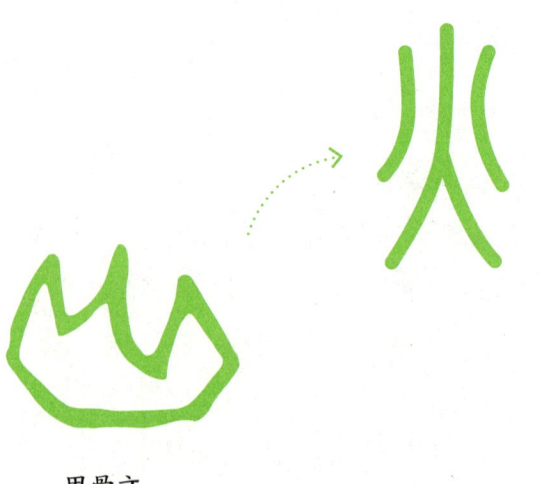

甲骨文　　　　小篆　　　　隶书

你看我的甲骨文祖先，像不像火焰的形状？

后来，是不是慢慢演变成了一点一撇和一撇一捺？

到了我这一辈，是不是最终演变成了四个点？

我的故事

我呀，其实就是那个"火"字，是它分化出来的写法，最初的意思是火焰。

我既然是"火"字的变体，自然也属于火族，很了解自己这个家族的特性。

我们烈焰升腾，是热烈的象征。"火热"和"火爆"，都是这一品性的反映。

我们颜色火红，人们常用我们来借指火红色。"火鸡""火狐""火烈鸟"，都是这种用法。

我们燃烧的速度很快，可以引起或大或小的火灾。人们常用我们来比喻速度极快或者情况紧急。"火速"和"火急"，都是这种用法。

人类经常拿我们说事。他们说自己"心里有火"，其实并不是心里真的有火，而是内心燥热。他们说自己"火冒三丈"，其实冒的并不是火焰，而是心里的怒火。

"佛火不烧物，净香空徘(pái)徊(huái)。"（出自唐·孟郊《溧阳唐兴寺观蔷薇花》）

"且烧生柴火，静听湿雪声。"（出自宋·陆游《雪夜》）

这些古诗词里的"火"字，让我感到非常亲切，同时跟着沾染了一番诗意。

我来造字

我们这个家族的汉字，主要和火有关。

我总是待在我朋友的脚下。

因为我长得好像四个水点，所以大家都习惯叫我"四点水"。

其实，这是天大的误会！我身上这四个小点，真的不是水滴，而是火焰。有时候，也可能是鸟兽的尾巴、爪子或者腿脚什么的。

小篆

热

隶书

我遇到"执"字，
就变成了"热"字。

热带雨林，热浪升腾。热火朝天，热汗直流。

"热"是"熱"的简化字。

小篆

烈

隶书

遇到"列"字,
就变成了"烈"字。

气氛热烈。反应强烈。风暴猛烈。
战斗激烈。疼痛剧烈。死得壮烈。

小篆

照

隶书

遇到"昭（zhāo）"字,
就变成了"照"字。

寒光照铁衣。湖月照我影。丹心
照汗青。

小篆

熟

隶书

遇到"孰（shú）"字，就变成了"熟"字。

故溪黄稻熟，一夜梦中香。

小篆

燕

隶书

遇到"廿（niàn）"字、"口"字和"北"字，就变成了"燕"字。

燕（yān）山雪花大如席。燕（yàn）子双飞来又去。

三撇儿

我是三撇儿。
我长这个样子：

打字的时候，
你打"shān"，
我就会现身。

我的祖先很酷。它们长这个样子：

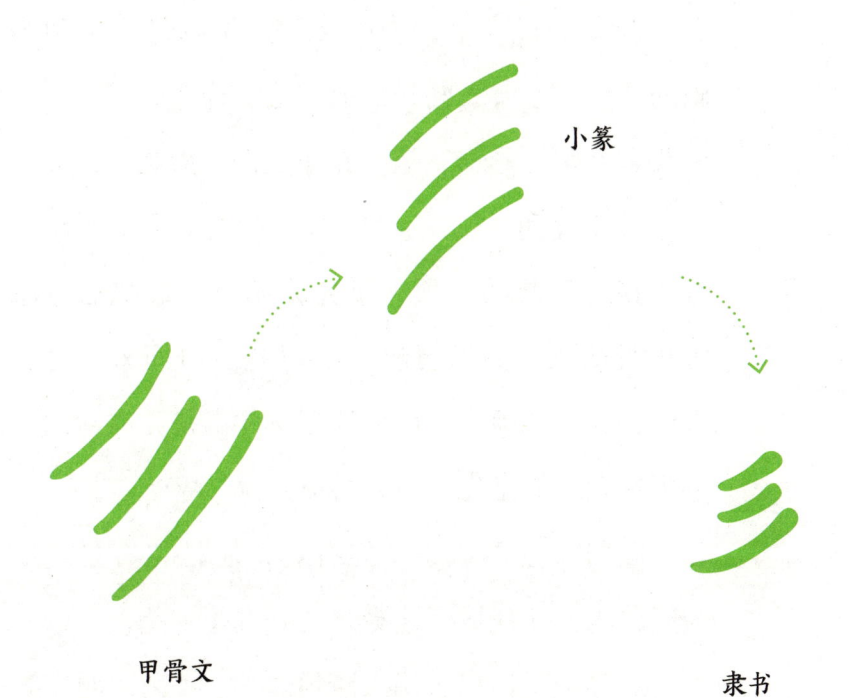

小篆

甲骨文

隶书

你看我的甲骨文祖先，像不像毛发和胡须的形状？像不像用毛刷装饰（shì）描画物品时留下的花纹？

后来，是不是慢慢演变成了三个撇？

我的故事

我呀，其实就是那个"彡（shān）"字，最初的意思是毛须和花纹，引申为纹理和文采等意思。

"彡，毛饰画文也。象形。"这是许慎先生在《说文解字》里的解释。对此，大家有不同的理解。有人断句断成"毛、饰画文"，说我是毛须和饰画的花纹。也有人断句断成"毛、饰、画、文"，说我是毛须、彩饰、笔画和花纹四种事物。

关于我和"须"字的关系，也各有各的看法。有人说，我是由"须"字分化而来，最初的意思应该是胡须，其他意思都是由此引申而来。也有人说，我是"须"字最早的写法，不是先有"须"字再有我，而是先有我，再有"须"字。

哎呀，这不成了"先有鸡，还是先有蛋"那个问题吗？让我拨开迷雾，再好好想一想。

"浮云看富贵，流水淡须眉。"（出自明·刘

基《题太公钓渭图》）

"树头蜂抱花须落，池面鱼吹柳絮（xù）行。"[出自唐·韩偓（wò）《残春旅舍》]

这些古诗词里的"须"字，让我感到非常亲切，同时跟着沾染了一番诗意。

我来造字

我们这个家族的汉字，主要和毛须有关，和饰画有关。

我通常待在我朋友的右边，有时候也跑到其他位置。

因为我是由三个撇组成，所以大家都叫我"三撇儿"。

彡
小篆

形
隶书

我遇到"开"字，就变成了"形"字。

任何形容词都形容不了她的美丽。

彡

小篆

彤

隶书

遇到"丹"字,
就变成了"彤(tóng)"字。

落日红彤彤。

彩

小篆

彩

隶书

遇到"采"字,
就变成了"彩"字。

当时明月在,曾照彩云归。

彰

小篆

彰

隶书

遇到"章"字,
就变成了"彰(zhāng)"字。

相得益彰。

小篆

衫
隶书

遇到衣字旁（衤），
就变成了"衫（shān）"字。

一袭（xí）青衫，一把折扇。

小篆

影
隶书

遇到"景"字，
就变成了"影"字。

一犬吠（fèi）影，百犬吠声。"景"字是"影"字最初的写法，"日景"即"日影"。《说文解字》里面收录的是"景"字。晋代葛洪所著的《字苑》里面已有"影"字出现。

小篆

彦
隶书

遇到"产"字，
就变成了"彦（yàn）"字。

都是贤才俊彦，有才学、有德行。

小篆

彬

隶书

遇到"林"字，
就变成了"彬（bīn）"字。

彬彬有礼。

小篆

彧

隶书

遇到"或"字，丢掉一撇，
就变成了"彧（yù）"字。

《诗经·小雅·信（shēn）南山》里说："疆埸（yì）翼翼，黍（shǔ）稷（jì）彧彧。"彧彧是禾苗茂盛或者文采斐（fěi）然的样子。

三拐儿

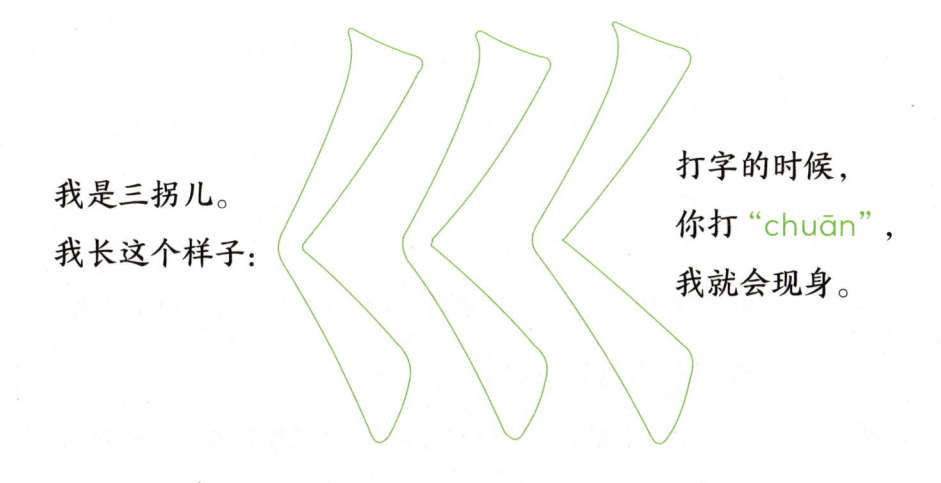

我是三拐儿。
我长这个样子：

打字的时候，
你打"chuān"，
我就会现身。

我的祖先很酷。它们长这个样子：

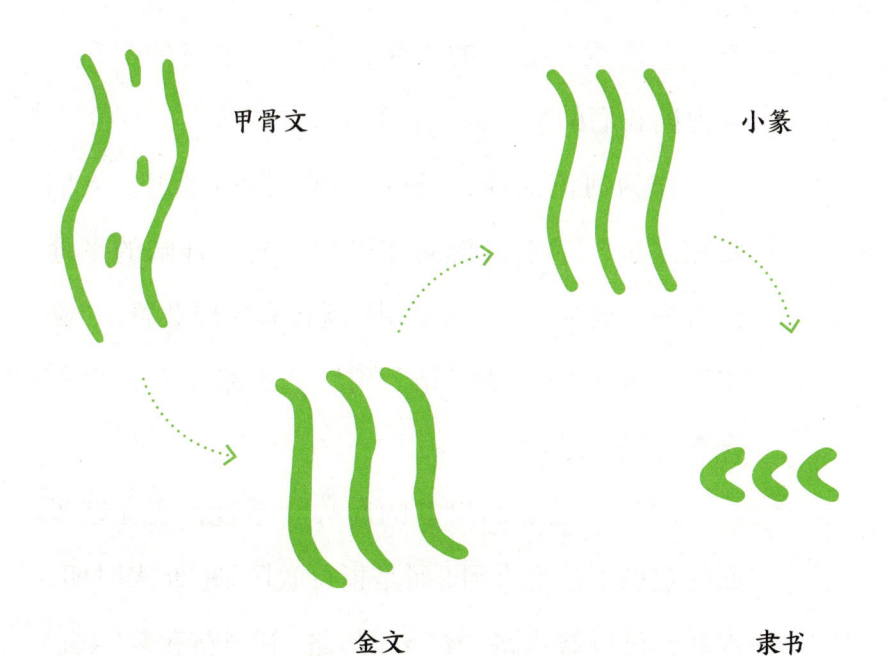

甲骨文

小篆

金文

隶书

你看我的甲骨文祖先，像不像河流的形状？两侧那些笔画，是不是代表河岸？中间那些小点，是不是代表流水？

后来，是不是慢慢演变成了三个撇点？

我的故事

我呀，其实就是那个"川"字，是它最早的写法，最初的意思是河流。

古时候，人们称涓涓（juān）水流为"巜（quǎn）"，浍浍（kuài）水流为"巜（kuài）"。我是贯穿通流之水，由以上两种水流汇合而成。

我奔流起来昼（zhòu）夜不停，素有"川流不息"之说。遥远的大海，是我们最终的归宿。大海因我们的汇入而愈显其大。

作为河流的我，开阔畅通，河面平坦。人们常用"川"字来借指同样平坦，同样开阔的平地或者平原地带。"一马平川"就含有这层意思。"秦川""敕（chì）勒（lè）川""米粮川"，也都含有这层意思。

"川"还是四川省的简称。不过，它在这里面的意思不是指大河，而是指行政区划。北宋时期，曾在此设置益州路、梓（zǐ）州路、利州路和夔（kuí）

州路四个行政区划。它们都是由原来的川峡路一分为四而成，统称为"川峡四路"，简称为"四川路"。

"路去山形断，川回渡口斜。"（出自宋·邵雍《游龙门》）

"百川东到海，何时复西归？"（出自汉·佚名《长歌行》）

这些古诗词里的"川"字，让我感到非常亲切，同时跟着沾染了一番诗意。

我来造字

我们这个家族的汉字，主要和河流有关。

我通常待在我朋友的头上，有时候也跑到其他位置。

因为我是由三个撇点组成，每个撇点的行笔都拐向同一侧，看起来好像三个拐棍儿，所以大家都叫我"三拐儿"。

小篆

隶书

我遇到"田"字，
就变成了"甾（zī）"字。

临甾城外有甾水。

小篆

淄

隶书

"甾"字再遇到三点水（氵），就变成了"淄（zī）"字。

淄博就是古代的临甾。"临甾"后来写为"临淄"，增加一个三点水表明它的河流属性。

小篆

邕

隶书

遇到"邑（yì）"字，就变成了"邕（yōng）"字。

邕水环绕邕州城。邕州就是现在的南宁。

小篆

巢

隶书

遇到"果"字,
就变成了"巢"字。

有巢氏构木为巢。小鸟衔草筑巢。
蜂巢里的蜜蜂倾巢而出。

小篆

巡

隶书

遇到走之旁(辶),
就变成了"巡(xún)"字。

大王叫我来巡山,巡山碰上
孙猴子。

宝盖儿

我是宝盖儿。
我长这个样子：

打字的时候，
你打"mián"，
我就会现身。

我的祖先很酷。它们长这个样子：

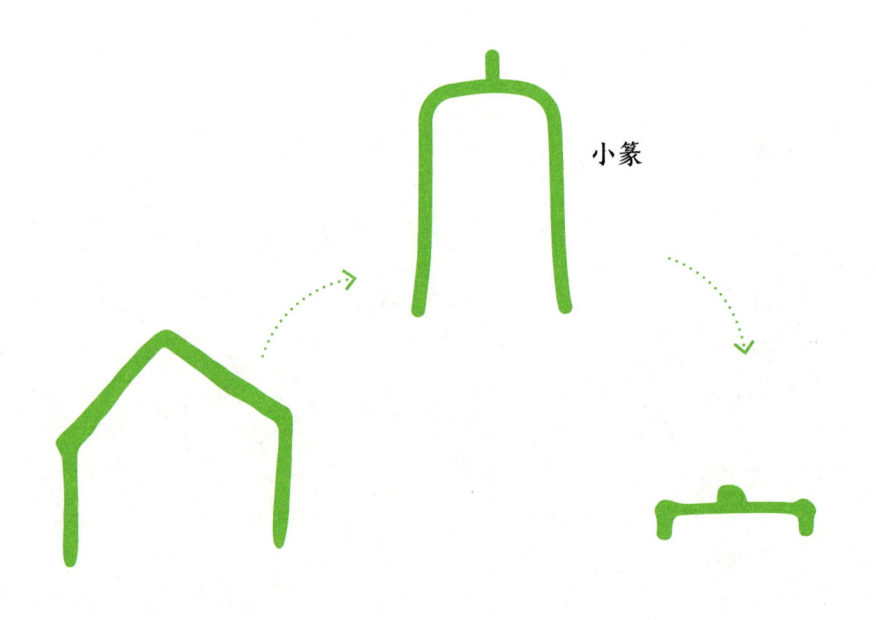

小篆

甲骨文　　　　　　　　　　　　隶书

你看我的甲骨文祖先，像不像带有屋顶和墙壁的房屋？后来，是不是慢慢演变成了两点和一个横钩？

我的故事

我呀，其实就是那个"宀（mián）"字，最初的意思是房屋，引申为覆（fù）盖的意思。

我虽然不能提供广厦（shà）千万间，"大庇（bì）天下寒士俱欢颜"，但是我可以做汉字的偏旁，为它们遮风挡雨。很多汉字住在我下面，得到了很好的佑（yòu）护。

我希望大家都能辛勤劳动，不能空唱《茅屋为秋风所破歌》。只要努力奋斗和持续付出，就一定能够实现"居者有其屋"的既定目标。

"古屋先知雨，空林易得风。"（出自宋·赵蕃《雨中四首》）

"屋上春鸠（jiū）鸣，村边杏花白。"（出自唐·王维《春中田园作》）

这些古诗词里的"屋"字，让我感到非常亲切，同时跟着沾染了一番诗意。

我来造字

我们这个家族的汉字,主要和房屋有关,和覆盖有关。

我总是待在我朋友的头上。

因为"宝"字是我们这个家族的常见字,我是"宝"字之盖,像盖子一样护在它头上,所以大家都叫我"宝盖儿"。

家
小篆

家
隶书

我遇到"豕(shǐ)"字,就变成了"家"字。

我们都有一个家,家中有爸妈。

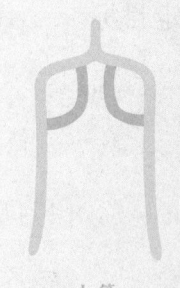

穴
小篆

穴
隶书

遇到"八"字,就变成了"穴"字。

山顶洞人住在洞穴里。

小篆

宅

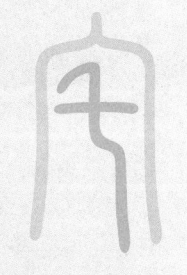

隶书

遇到"乇（zhé）"字，
就变成了"宅（zhái）"字。

我们住在小宅院，他们
住在深宅大院。

小篆

室

隶书

遇到"至"字，
就变成了"室"字。

储藏室里堆满了杂物。
收发室里堆满了信件。

小篆

宫

隶书

遇到"吕"字，
就变成了"宫"字。

龙王住在龙宫里。

小篆

客

隶书

遇到"各"字,
就变成了"客"字。

客人来了要倒茶。

小篆

安

隶书

遇到"女"字,
就变成了"安"字。

我心里忐(tǎn)忑(tè)不安,
好在一路平安。

小篆

宽

隶书

遇到"苋(xiàn)"字,
就变成了"宽"字。

院子很宽敞(chǎng)。
马路很宽阔(kuò)。
手头很宽绰(chuo)。

穴宝盖

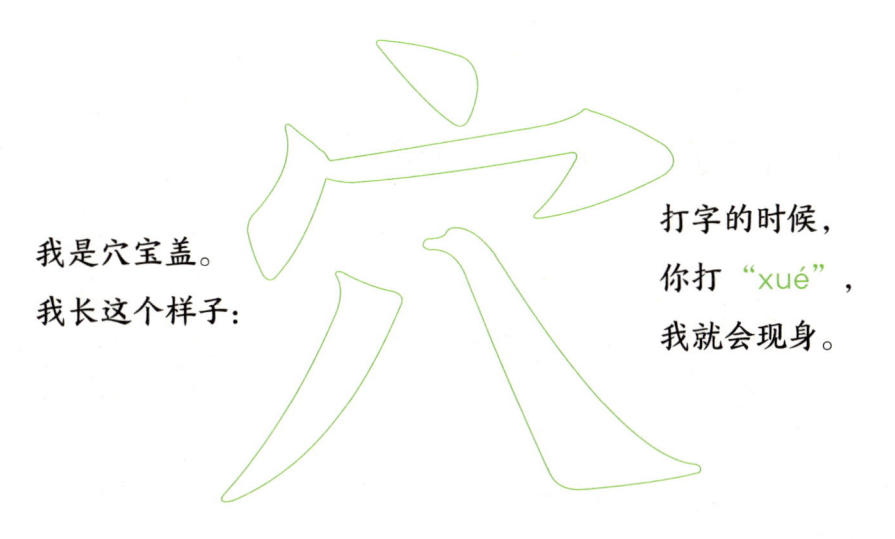

我是穴宝盖。
我长这个样子：

打字的时候，
你打"xué"，
我就会现身。

我的祖先很酷。它们长这个样子：

小篆

隶书

你看我的小篆祖先，像不像是顶部隆（lóng）起的山洞？里面那个"八"字形的笔画，是不是和两侧连为一体，组成了崖（yá）壁，也就是石质洞壁的形状？

后来，是不是演变成了一个宝盖儿和一撇一捺？

我的故事

我呀，其实就是那个"穴"字，最初的意思是岩洞，也就是山洞，泛指洞穴。

《说文解字》里说我是"土室"。我倒觉得，说我是山洞更符合实际情况。

上古时期，古人还不会建造房屋。人们通常是"穴居而野处（chǔ）"，巧妙利用大自然的恩赐（cì），选择现成的山洞作为居住之处。比如距今有三万年左右的"山顶洞人"，就住在北京市周口店龙骨山的山顶洞里。我作为一个象形字，正是古人这种穴居生活的侧面写照。

古时候，还有个"宀（mián）"字。它又叫"宝盖儿"，最初的意思是房屋。我觉得我应该和它同源。

或许是先有我。我是最早的房屋，依穴而建，内为崖壁。后来，人类学会了利用草木瓦石建房，走出洞穴，结束了穴居生活。他们去掉我身上表示石质特性的一撇一捺，另外造出"宀"字，来表达房屋这层意思。

也或许是先有它。人类开始造字的时候，可能就已经有了利用草木瓦石搭建的房屋。造字之人采取象形法，造出了"宀"字，用来表示房屋这层意思。然后，再在"宀"字里面增加一撇一捺，突出崖壁属性，另外造出了我这个汉字，用来表示"穴居"之"穴"。

我和"洞""窟（kū）"都是同类。人们习惯将我们合称为"洞穴"或者"窟穴"。

"有穴焉，水出辄（zhé）入，夏乃出，冬则闭。"这是《山海经》里所记载的南禺（yú）山上的一个洞穴。我辈居然有此奇类，小伙伴们都被惊呆了！

我有很多种存在形式。它们各不相同，各有特色。

逝者长眠的地方，叫"墓穴"。

土匪盘踞（jù）的地方，叫"匪穴"。

动物的窝，叫"巢穴"。"虎穴""蚁穴""鼠穴"，都属于此类。

"太阳穴"不是太阳的窝，而是一种"穴位"，位于耳朵和外眼角之间。

人身上的穴位共有409种。它们也叫"腧（shù）穴""气穴""穴道"，是人体脏腑（fǔ）和经络气血输出与注入的通道。

有人笑言："听说有些武林高手会点穴神功，被点中的人无法动弹。你被点中后，会不会也变成这样，一动不动？"

我只能呵呵一笑说："你让他来点我一下看看！"

"天近星河冷，龙归洞穴深。"（出自五代·李中《庐山》）

"蚯蚓霸一穴，神龙轻九天。"（出自明·方孝孺《闲居感怀》）

很多古诗词里都有我的身影。

我来造字

我们这个家族的汉字，主要和孔洞有关。

我总是待在我朋友的头上。

因为我是以"穴"字的身份做偏旁，再加上我长得像宝盖儿，所以大家都叫我"**穴宝盖**"。

空
小篆

空
隶书

我遇到"工"字,
就变成了"空"字。

空山不见人,但闻人语响。

窖
小篆

窖
隶书

遇到"告"字,
就变成了"窖(jiào)"字。

挖地窖,窖地瓜。

窥
小篆

窥
隶书

遇到"规"字,
就变成了"窥(kuī)"字。

您是管中窥豹,推知全貌。他却是管中窥豹,以偏概全。同一个成语,既能做褒义词,也能做贬义词,这种情况很奇妙。

选自唐寅书《落花诗》

杯何故不教堂忍首马
兰車輪下丫庁西飛一
庁東
崔徽空寫镜中真落水

名帖赏析

　　明朝书画大家沈周 78 岁时，一病数月，等到病好出门时，看到"林花净尽，红白满地"，感于"不偶其开，而见其落"，怅然写下《落花诗》十首，传送好友唱和。仅唐寅（yín）唱和的《落花诗》就有 30 首。唐寅所书《落花诗》，集婉转流畅的书法艺术与爱花、惜花的文人品性于一体，是难得的行书佳品。

厂字旁

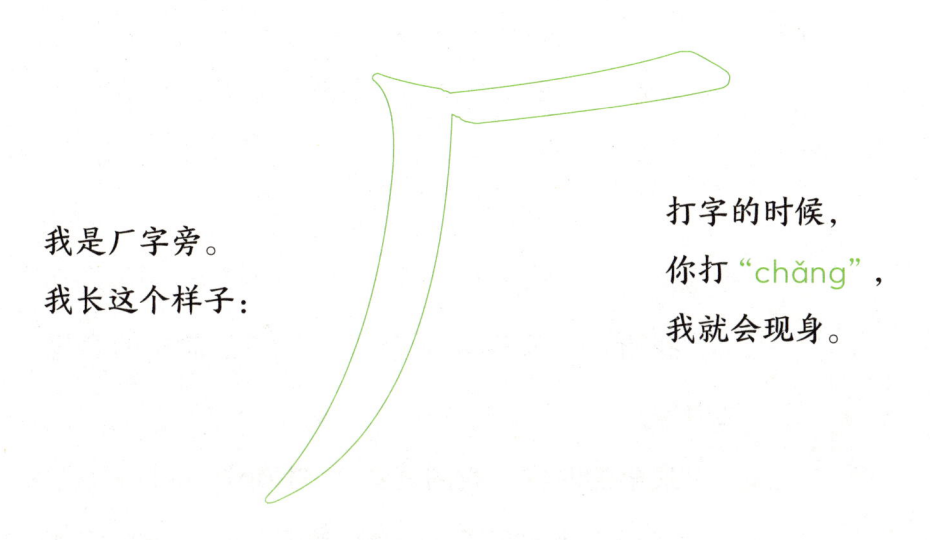

我是厂字旁。
我长这个样子：

打字的时候，
你打 "chǎng"，
我就会现身。

我的祖先很酷。它们长这个样子：

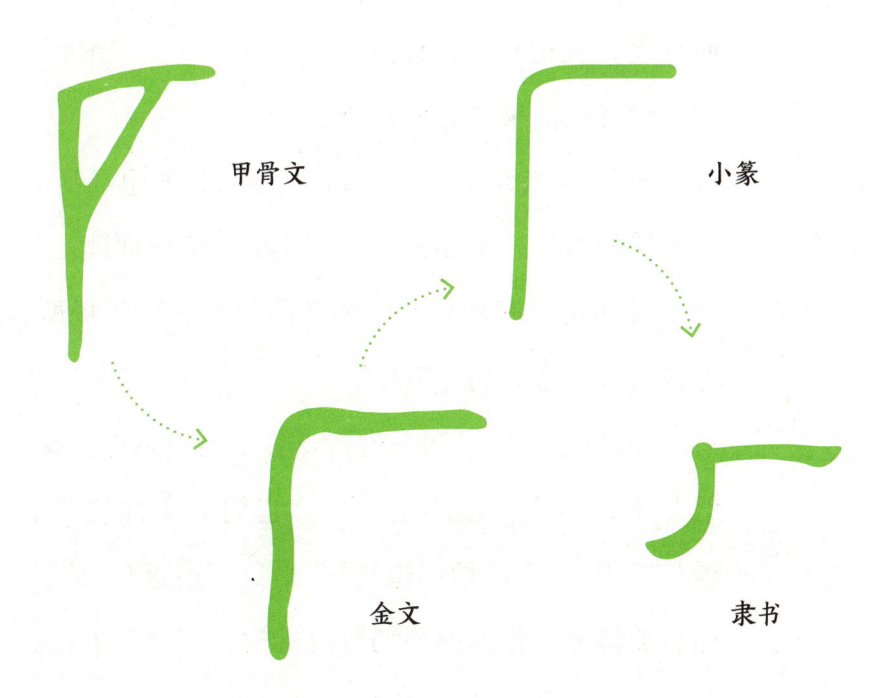

甲骨文

小篆

金文

隶书

你看我的甲骨文祖先,像不像顶部向外突出的山崖(yá)?后来,是不是干脆省去里面那道斜杠,慢慢演变成了一横一撇?

我的故事

我呀,其实就是那个"厂"字,最初的意思是山崖。

最早的时候,我的读音为"hǎn"。

"廠"和"厰"的读音都是"chǎng",意思是空间开阔、缺少墙壁的简易敞屋。它们后来都简化成我的模样,继续保持着原来的读音。久而久之,我也被人们读成了"chǎng","hǎn"这个读音反而很少有人知道了。

我可以遮风挡雨,是古人聚居的理想场所。一开始的时候,很多古人的房屋都是依崖而建。

我还是空间相对宽敞的产品生产和加工场所,也就是人们常说的"工厂"。

明朝的"东厂"和"西厂",名字里虽然也有我,但并不是山崖,也不是工厂。它们的全称是"东缉(jī)事厂"和"西缉事厂",是负责巡查和缉(jī)捕之类特务工作的办公场所与机构。

"匡山最绝处，厂（hǎn）屋托幽遐（xiá）。"（出自清·蒋国祥《木瓜洞》）

"塞（sè）云生古厂（hǎn），宿雨溜悬岩。"（出自宋·蔡逸《游圣水寺偶成》）

很多古诗词里都有我的身影。

我来造字

我们这个家族的汉字，主要和山崖有关，和房屋有关。

我喜欢像雨衣一样披在我朋友的身上。

因为我是以"厂"字的身份做偏旁，所以大家都叫我"厂字旁"。

小篆

原

隶书

我遇到"泉"字，就变成了"原"字。

原来泉水是从山崖上流下来的。

厚
小篆

厚
隶书

遇到"日"字和"子"字，
就变成了"厚"字。

书桌上摆着厚厚的一摞书。

反
小篆

反
隶书

遇到"又"字，
就变成了"反"字。

提倡节约，反对浪费。

仄

小篆

仄

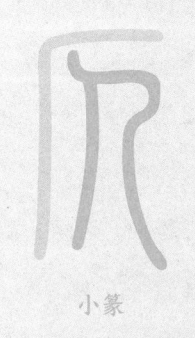

隶书

遇到"人"字,
就变成了"仄(zè)"字。

下雨了,我们仄身躲在悬崖下避雨。小雨点也懂平平仄仄,滴滴答答地吟诵着。

廈

小篆

厦

隶书

遇到"夏"字,
就变成了"厦"字。

厦(xià)门有好多高楼大厦(shà)。"厦"原本是"廈"的异体字,现在以"厦"为正体字。

厂

小篆

厢

隶书

遇到"相"字，
就变成了"厢（xiāng）"字。

东厢房里住着哥哥，西厢房里住着姐姐。
"厢"原本是"廂"的异体字，现在以"厢"为正体字。

廳

小篆

厅

隶书

遇到"丁"字，
就变成了"厅"字。

客厅好大！
"厅"是"廳"的简化字。

歷

小篆

历

隶书

遇到"力"字，
就变成了"历"字。

翻开日历，过去成了历史。
"历"是"曆"和"歷"的简化字。

广字旁

我是广字旁。
我长这个样子：

打字的时候，
你打 "guǎng"，
我就会现身。

我的祖先很酷。它们长这个样子：

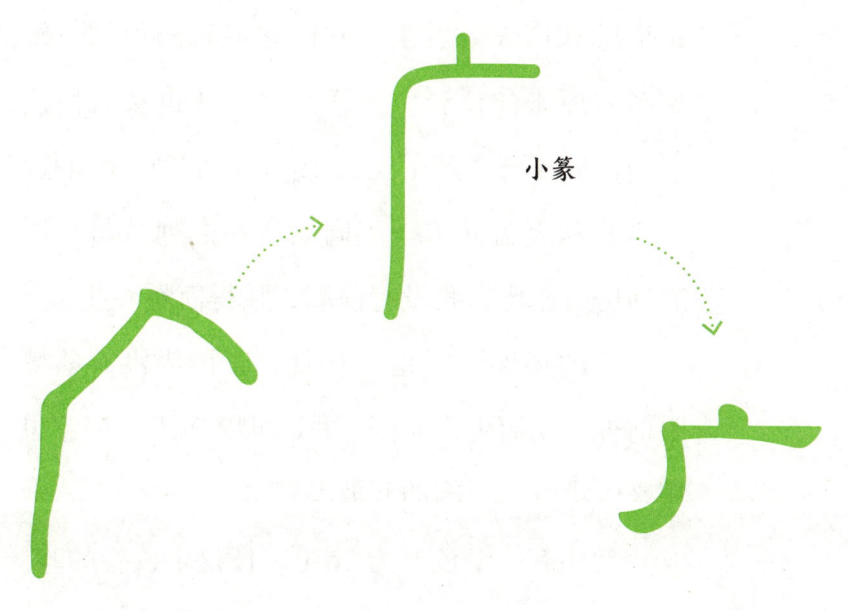

小篆

甲骨文　　　　　　　　　　　隶书

你看我的甲骨文祖先，像不像借助山崖（yá）搭建而成的没有前墙的房屋？

后来，是不是慢慢演变成了一点一横和一撇？

我的故事

我呀，其实就是那个"广"字，最初的意思是依崖而建的简易房屋。

最早的时候，我的读音为"yǎn"。

古时候，还有个"廣（guǎng）"字，意思是广阔和广大。后来，它简化成我的模样，继续保持着原来的读音。久而久之，我也被人们读成了"guǎng"，"yǎn"这个读音反而默默无闻起来。

我和宝盖儿（宀）同属房屋之列。与它所代表的房屋相比，我没有前墙，显得简陋一些。

我的短处同时也是长处。正因为没有前墙，眼前视野反而更为开阔。我因此又多出一层意思，用来借指空间开阔的开放型建筑。

我还有一个读音为"ān"。读这个读音的时候，相当于"庵(ān)"字，意思是圆形草屋或者小寺庙、尼姑庵。古代的文人也经常用"庵"字来命名书斋（zhāi）。陆游的书斋叫"老学庵"。黄宗羲（xī）的书斋叫"惜字庵"。冒襄（xiāng）的书斋叫"影梅庵"。

我和"袤（mào）"字组成"广袤"一词。我指的是从东到西的距离。它指的是从南到北的距离。我们合在一起后，通常用来借指土地面积，或者形容田野、平原和大地之辽阔。

我和"轮"字组成"广轮"一词。我指的依然是东西长度。它和"袤"字一样，指的都是南北长度。我们合在一起，指的同样是土地面积。

"石横晚濑（lài）急，水落寒沙广。"（出自唐·刘长卿《湘中纪行十首·浮石濑》）

"为山低凿牖（yǒu），容月广开庭。"（出自唐·薛能《冬日送僧归吴中旧居》）

很多古诗词里都有我的身影。

我来造字

我们这个家族的汉字，主要和房屋有关。

我喜欢像雨衣一样披在我朋友的身上。

因为我是以"广"字的身份做偏旁，所以大家都叫我"广字旁"。

小篆

庐

隶书

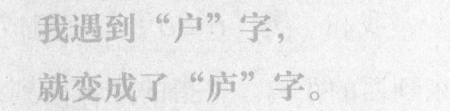

我遇到"户"字,
就变成了"庐"字。

庐山上有座草庐。
"庐"是"廬"的简化字。

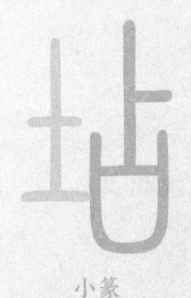

小篆

店

隶书

遇到"占"字,
就变成了"店"字。

店铺林立。
"店"原本是"坫"的异体字。坫是建在室内,用来放置器物的土台子,也可以当柜台使用。后来,人们专门用"店"字表示售卖货物的建筑场所或者为客人提供饮食和住宿服务的场所。

座

小篆

座

隶书

遇到"坐"字,
就变成了"座"字。

座中何人,谁不怀忧?

庙

小篆

庙

隶书

遇到"由"字,
就变成了"庙"字。

林教头风雪山神庙。
"庙"是"廟"的简化字。

小篆

庄

隶书

遇到"土"字,
就变成了"庄"字。

山边有个小村庄。村外有片庄稼地。
"庄"是"莊"的简化字。

小篆

庇

隶书

遇到"比"字,
就变成了"庇(bì)"字。

小牛躲到庇荫处乘凉。

小篆

度

隶书

遇到"廿(niàn)"字和"又"字,
就变成了"度"字。

度量(liàng)衡是计量(liàng)长度、容量、重量的器具或者标准的统称。

石字旁

我是石字旁。
我长这个样子:

打字的时候,
你打"shí",
我就会现身。

我的祖先很酷。它们长这个样子:

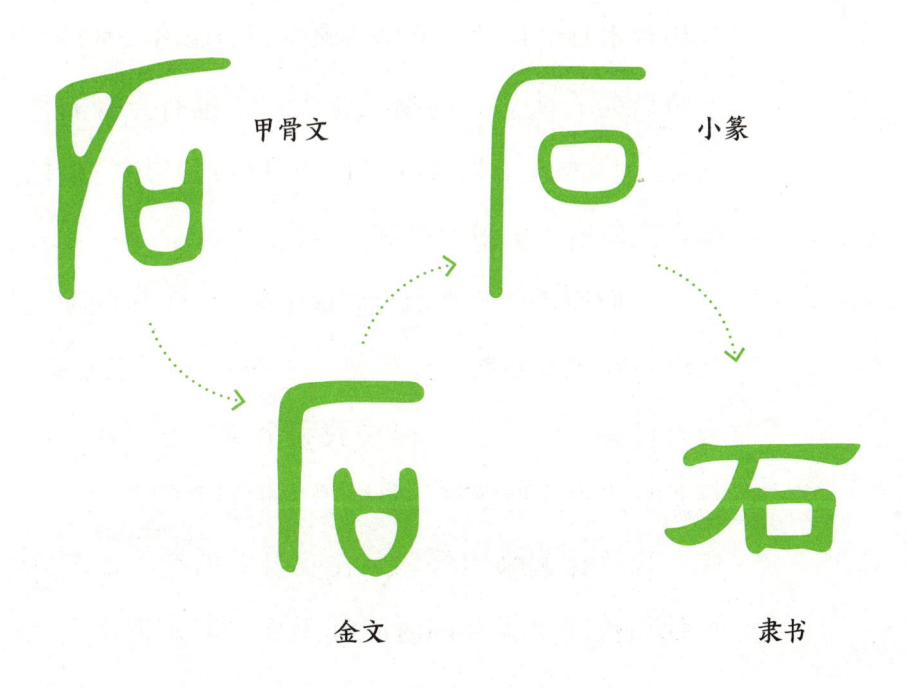

甲骨文

小篆

金文

隶书

你看我的甲骨文祖先,像不像是由山崖(yá)和"口"字组成?那个"口"字,是不是用来借指石块?

后来,是不是慢慢演变成了一横一撇、一竖、一个横折和一横?

我的故事

我呀,其实就是那个"石"字,最初的意思是崖石,泛指石头。

石块的形状不规则,有方有圆,还带棱,不好用它本身的形象来造字。山崖是由崖石构成的,本身就是石头。人的嘴巴张大后,也有点像石块的形状。古人于是选择了山崖和嘴巴,用它们的组合形象造出了我的甲骨文祖先。

人们通常用我来形容质地坚硬。"铁石心肠",是说心肠像我和铁一样坚硬。"锲(qiè)而不舍,金石可镂(lòu)",是说我和金属虽然坚硬,但只要坚持不停地雕刻,总能雕出你想要的图案。

我风化起来很慢。刻在我身上的字,比刻在甲骨和竹简上保存的时间都要长。古人把文字刻在我身上，就是想"不朽（xiǔ）"。"石鼓文"和"摩（mó）崖石刻"，都是古代石刻文的典型代表。

相传泰山是盘古的头颅（lú）所化，雄伟而有仙气。"泰山石敢当"，指的是刻有这五个字的一块石头。把它放置在房屋正对路口的地方，可以抵挡沿路而来的邪气的冲撞。

我还是金、石、土、革、丝、木、匏（páo）、竹"八音"之一，专指磬（qìng）一类的石制乐器。"金石之声"，指的就是钟磬发出的乐声。

古时候，有个容量和重量单位叫"秙（shí）"。这个字后来废弃不用，假借成我，由我代替它来表达它原来的意思。

作为容量单位时，一石等于十斗。按照宋代的重量标准，一石米重约一百二十斤，一斗米重约十二斤。因为一个人一副担子所挑的物品，恰好和一石米的重量相当，所以人们习惯把"一石"读作"一担"。

"手舞石上月，膝横花间琴。"（出自唐·李白《独酌》）

"鸟渡夕阳中，鱼行白石上。"（出自宋·苏辙《和文与可洋州园亭三十咏·溪光亭》）

很多古诗词里都有我的身影。

我来造字

我们这个家族的汉字,主要和石头有关。

我通常待在我朋友的左边,有时候也跑到其他位置。

因为我是以"石"字的身份做偏旁,所以大家都叫我"**石字旁**"。

小篆

研

隶书

我遇到"开"字,
就变成了"研(yán)"字。

研墨徐徐如病夫,提笔疾疾似壮士。

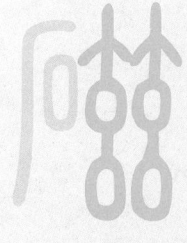

小篆

磁

隶书

遇到"兹(zī)"字,
就变成了"磁"字。

磁铁不吸金手镯(zhuó)。

小篆

磕

隶书

遇到"盍（hé）"字，
就变成了"磕"字。

磕（kē）头虫磕头如捣蒜，只是不会嗑（kè）瓜子。

小篆

磊

隶书

遇到我弟弟和我妹妹，
就变成了"磊（lěi）"字。

众石累积而上，心胸光明磊落。

小篆

岩

隶书

遇到"山"字，
就变成了"岩"字。

岩石上有岩画。
"岩"原本是"巖"和"巗"的异体字，现在以"岩"为正体字。"巖"字是由"嵒（yán）"字分化而来，"嵒"字本身的意思就是岩石。

麻字旁

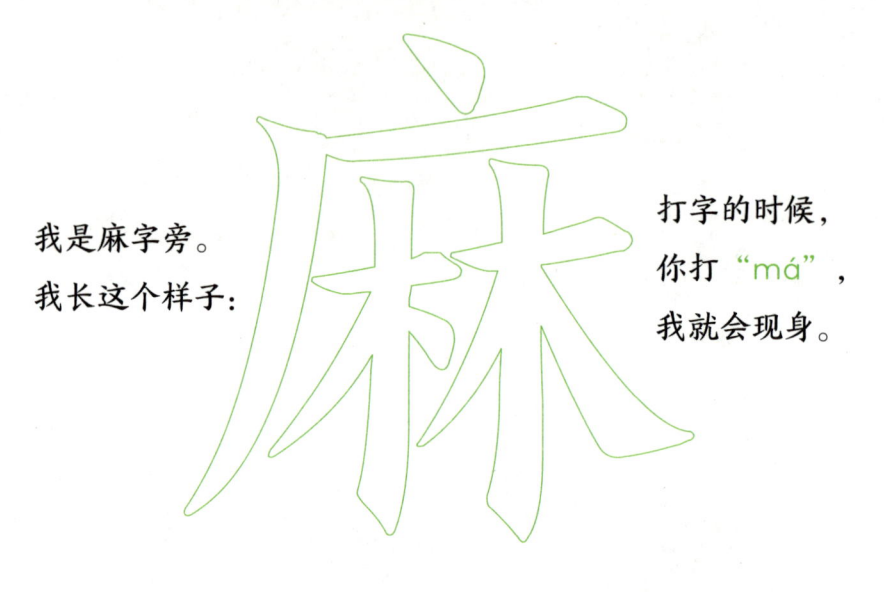

我是麻字旁。
我长这个样子：

麻

打字的时候，
你打"má"，
我就会现身。

我的祖先很酷。它们长这个样子：

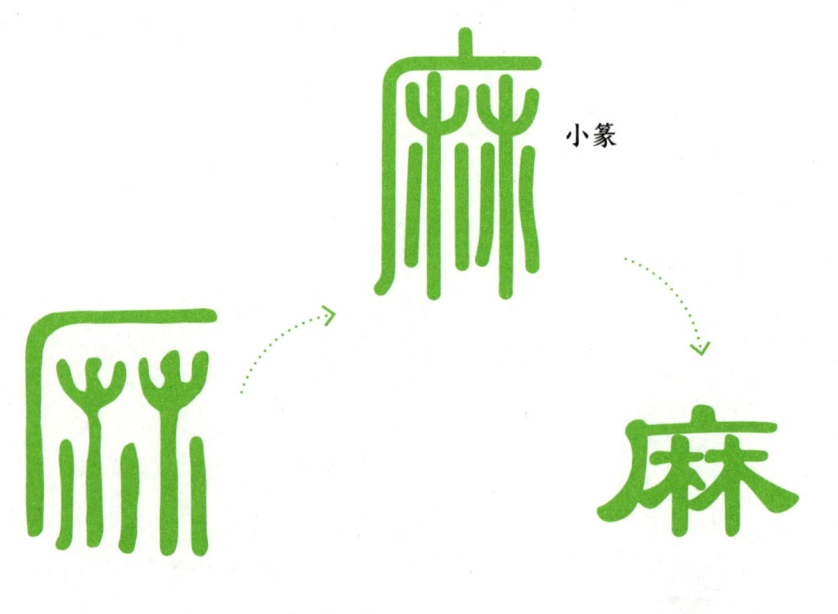

小篆

麻

金文　　　　　　　　　隶书

你看我的金文祖先，身上那个"厂（hǎn）"字形的笔画，是不是代表山崖（yá）？那两个"屮（chè）"字形的笔画，是不是代表长有麻叶的麻秆？麻秆两侧那三竖，是不是代表从麻秆上剥下来的麻皮？

后来，是不是慢慢演变成了一个"广"字和两个"木"字？

我的故事

我呀，其实就是那个"麻"字，最初的意思是大麻。

《说文解字》里说我是"人所治，在屋下"。"厂"字最初的意思是山崖，是天然的可供人类居住的房屋。"广"字则是依崖而建的简易房屋。当我成熟以后，人们就将我收至崖下家中，剥取麻皮，用来制麻绳和织麻布。

我是草本植物，雌雄异株。雄麻叫"枲（xǐ）麻"，只开花，不结麻子。雌麻叫"苴（jū）麻"，既开花，又结麻子。

麻点是指形状像麻子的斑点。麻雀身上布满细碎的麻点，因而取名为"麻雀"。人脸上的麻子，也是因为和我的种子形似而得名。

从我的茎叶、花朵和麻子里可以提取毒品。长期吸食后，会使人思维迟钝（dùn），感觉失灵。

"发麻"和"麻木"等词语，估计都是由此引申而来。

人们习惯用我来泛指麻类植物，比如苎（zhù）麻和苘（qǐng）麻等。有时候，也泛指麻纤维。

作为麻纤维的我，通常是缠成一团。因为头绪众多，看起来很乱，人们索性称我为"乱麻"。"雨脚如麻"和"杀人如麻"，即是形容像乱麻一样繁密、众多。"心乱如麻"和"快刀斩乱麻"，说的也是我。

我是"乱麻"，似乎很烦人。因而又有了"麻烦"一词，成为烦琐（suǒ）和烦扰的代名词。

麻布是白色的。古时候，亲人去世后，亲属所穿的孝服，通常也是用麻布制成的。"披麻戴孝"里的我，指的即是麻布。

麻布表面粗糙（cāo）。人们习惯将物体粗糙不平的一面称为"麻面"。

"人间无限事，不厌是桑麻。"[出自宋·戴表元《苕(tiáo)溪》]

"花尽辜（gū）啼鸟，麻深没过人。"（出自宋·许庚《句》）

很多古诗词里都有我的身影。

我来造字

我们这个家族的汉字，主要和麻纤维有关。

我通常将两个"木"字缩小，像雨衣一样披在我朋友的身上，有时候也跑到其他位置。

因为我是以"麻"字的身份做偏旁，所以大家都叫我"麻字旁"。

小篆

嘛
隶书

我遇到"口"字,
就变成了"嘛（ma）"字。

有意见就提嘛,不要怕!

小篆

摩
隶书

遇到"手"字,
就变成了"摩（mó）"字。

飞飞摩苍天,来下谢少年。
摩是摩擦、接触,引申为接近、
迫近。

小篆

縻
隶书

遇到"米"字,
就变成了"縻（mí）"字。

行当縻烂尽,坐共灰尘灭。

小字旁

我是小字旁。
我长这个样子：

小

打字的时候,
你打"xiǎo",
我就会现身。

我的祖先很酷。它们长这个样子：

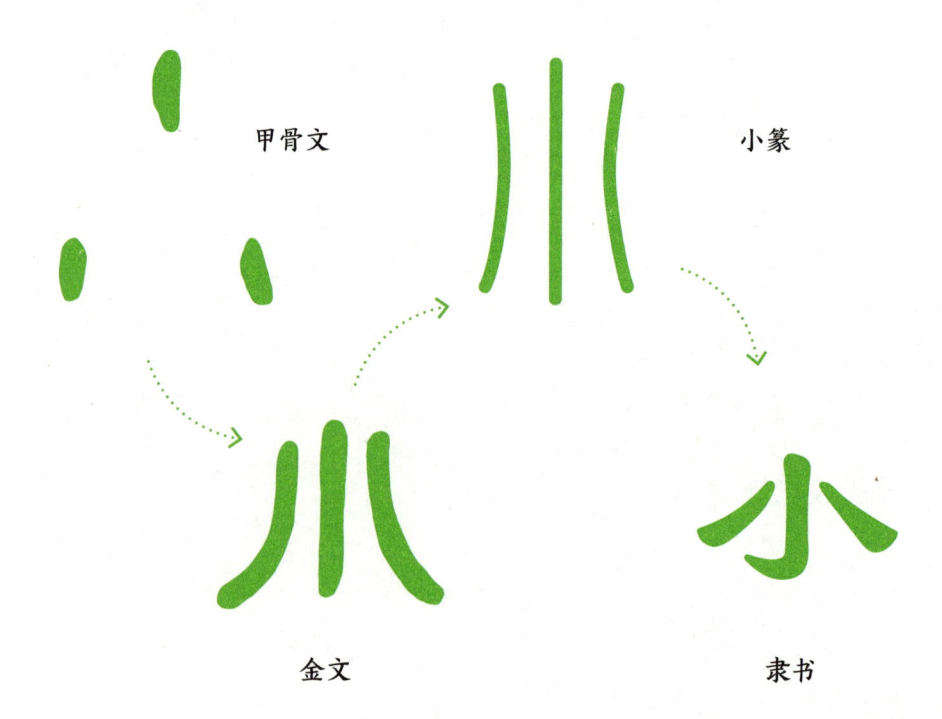

甲骨文

小篆

金文

隶书

你看我的甲骨文祖先,像不像微小的沙粒?

后来,是不是慢慢演变成了一个竖钩和一撇一点?

我的故事

我呀,其实就是那个"小"字,最初的意思是沙粒,也就是细微之物,引申为微小的意思。

也有人说,我的金文祖先中间那一竖代表物体,竖的两边像"八"字,有八字分物、越分越小的意思。

我和"大"字相对,在表示形体、年龄和程度等方面时,都不如"大"字有气势。但是船小好掉头,小有小的长处,小有小的能量。小家碧玉,小巧玲珑,自有其可爱之处。谁也不能忽视小花小草这些小字辈的事物在大自然当中的存在。

就拿"大"字来说吧,它在汉字世界里的畅(chàng)行遨(áo)游,也需要我的密切配合。"大街小巷""大材小用""大同小异""大惊小怪""大呼小叫",这些成语哪一个能缺得了我?

别看我小,一朵花就是一个世界,一滴水可

以折射出太阳的光辉。没有我,哪能小中见大?哪能积小流成江海?

我刚才小题大做,自吹自擂一通,不过说来也惭愧。我们这些"小字辈"当中,也出现了一些人格卑下、品质恶劣的"小人"。

"小不忍则乱大谋。"大家遇到他们的时候,如果不是原则性的问题,可以暂(zàn)时先避开他们的锋芒再说,不要同他们进行正面争执。

"小娃撑小艇(tǐng),偷采白莲回。"(出自唐·白居易《池上》)

"苔(tái)花如米小,也学牡丹开。"(出自清·袁枚《苔》)

很多古诗词里都有我的身影。

我来造字

我们这个家族的汉字,主要和微小有关。

我通常待在我朋友的头上,有时候也跑到其他位置。

因为我是以"小"字的身份做偏旁,所以大家都叫我"小字旁"。

尔

小篆

隶书

我遇到一撇和一个横钩，
就变成了"尔"字。

她读着《尔雅》里那些近乎雅
言的语句，莞（wǎn）尔一笑。
"尔"是"爾"的简化字。

尕

小篆

隶书

遇到"乃"字，
就变成了"尕（gǎ）"字。

尕娃是指小娃娃。一尕尕是指
很少、一点点。

尘

小篆

隶书

遇到"土"字，
就变成了"尘"字。

暗尘随马去，明月逐人来。
"尘"是"塵"的简化字。

小篆

尖

隶书

遇到"大"字,
就变成了"尖"字。

愁思到眉尖,齿软尝新杏。
"尖"原本是"韱"的异体字,
现在以"尖"为正体字。

小篆

肖

隶书

遇到肉月旁(月),
就变成了"肖"字。

肖(xiāo)老师画十二生肖(xiào),
惟妙惟肖(xiào)。

少字旁

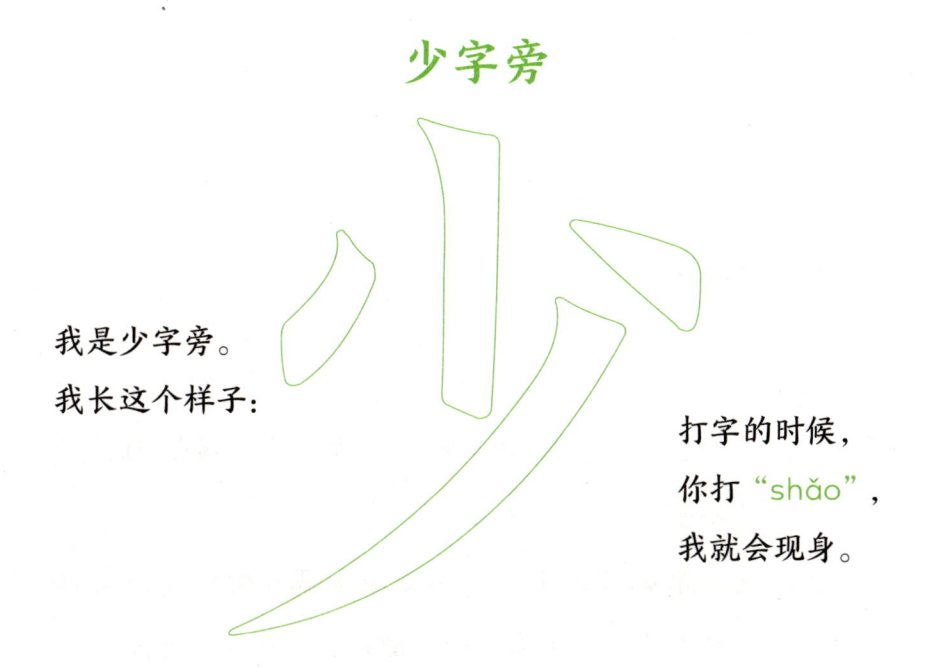

我是少字旁。
我长这个样子:

打字的时候,
你打"shǎo",
我就会现身。

我的祖先很酷。它们长这个样子:

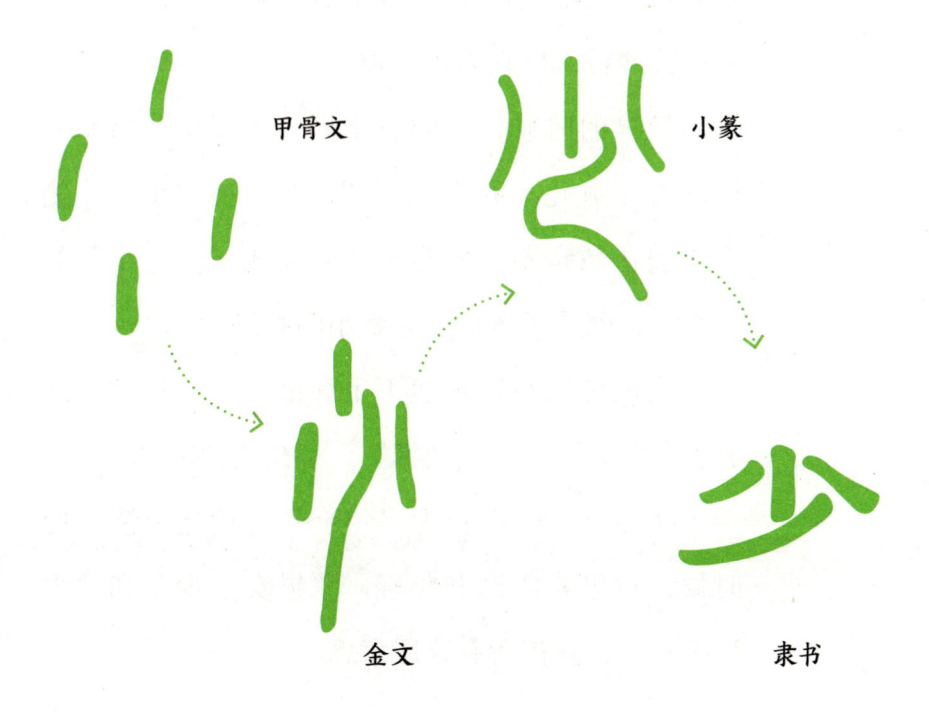

甲骨文

小篆

金文

隶书

你看我的甲骨文祖先，像不像沙粒的形状？

后来，是不是慢慢演变成了一竖一撇和一点一撇？

我的故事

我呀，其实就是那个"少"字，最初的意思是不多。

清朝训诂（gǔ）学家段玉裁先生在《说文解字注》说："不多则小，故古少、小互训通用。"

我和"小"字同源，最初的形象都是沙粒，都是细微之物。只是它身上有三粒沙粒，我身上有四粒沙粒，比它多出一粒。

最早的时候，我们属于同一个汉字。后来，渐渐有了分化。我变成了"多少"的"少"，侧重于表达数量不多的意思。它变成了"大小"的"小"，侧重于表达形体微小的意思。

我也可以用来表达不足和缺失等意思。"缺衣少食"和"少了一块糖"，都是这种用法。

我还有一个读音为"shào"。读这个读音的时候，意思是年幼和年轻。"男女老少"和"少男少女"，就都含有这层意思。

作为"多少"之"少",我觉得自己不在于多,而在于精,也就是人们常说的"少而精"。

作为"年少"之"少",我是人生必经的一个阶段。人人都有"年少花开"的美好时光,也有"少不更事"的毛躁(zào)和烦恼。当你花费了好大精力,终于弄明白说明书里的"少许油""少许盐""少许醋"是多少的时候,你已经长大了,成熟了,把我远远地抛在了身后。我想追也追不上你,你想回也回不来。

"野寺来人少,云峰隔水深。"(出自唐·刘长卿《秋日登吴公台上寺远眺》)

"朝见树头繁,暮见枝头少。"[出自宋·刘克庄《卜算子(片片蝶衣轻)》]

很多古诗词里都有我的身影。

我来造字

我们这个家族的汉字,主要和微小有关,和年少有关。

我通常待在我朋友的右边,有时候也跑到其他位置。

因为我是以"少"字的身份做偏旁,所以大家都叫我"少字旁"。

小篆

纱
隶书

我遇到绞丝旁（纟），
就变成了"纱"字。

"窗纱"颠倒过来就是"纱窗"。

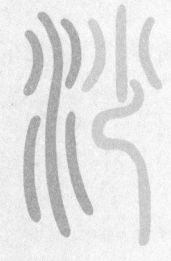

小篆

沙
隶书

遇到三点水（氵），
就变成了"沙"字。

风吹树叶沙沙（shā）响，好像有人在沙（shà）大米里面的沙（shā）子。

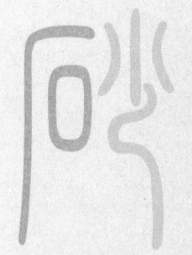

小篆

砂
隶书

遇到"石"字，
就变成了"砂（shā）"字。

一抹（mǒ）朱砂点眉间。

小篆

劣
隶书

遇到"力"字，
就变成了"劣（liè）"字。

优胜劣汰（tài）。

小篆

秒
隶书

遇到"禾"字，
就变成了"秒"字。

分秒必争。

幺字旁

我是幺字旁。
我长这个样子：

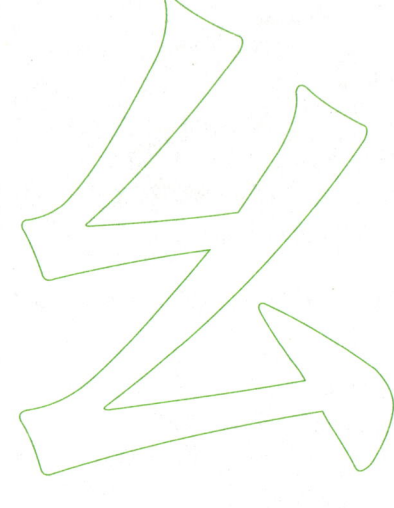

幺

打字的时候,
你打"yāo",
我就会现身。

我的祖先很酷。它们长这个样子：

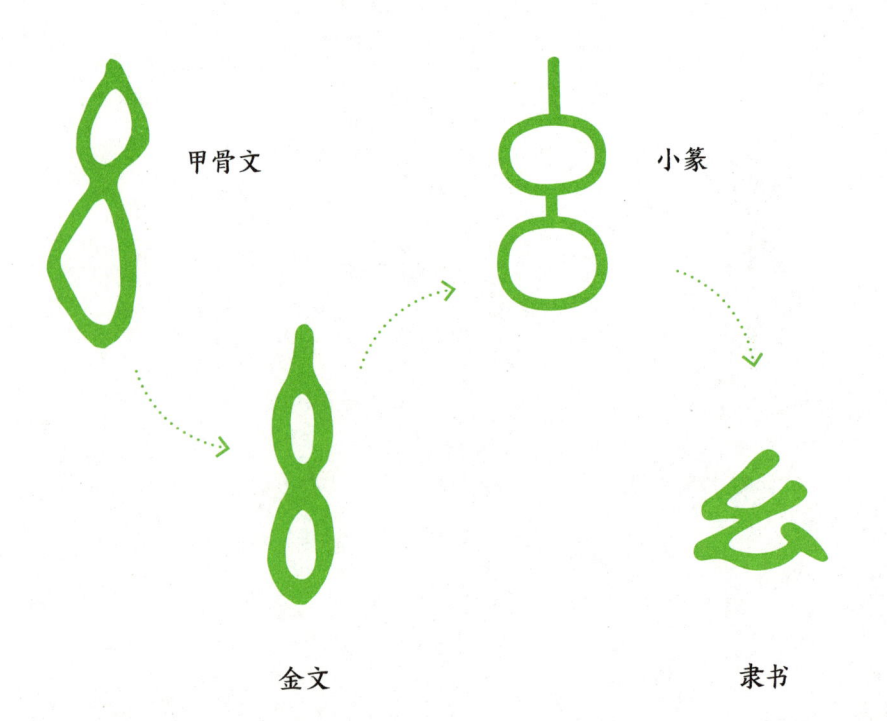

甲骨文

小篆

金文

隶书

你看我的甲骨文祖先,像不像拦腰束起来的一小束丝线?

金文祖先的身上,是不是还多出了一个线头?

后来,是不是慢慢演变成了两个撇折和一点?

我的故事

我呀,其实就是那个"幺"字,最初的意思是细丝,引申为细小和幼小等意思。

我应该是"糸(mì)""糹(sī)""絲(sī)""丝"这几个字最早的写法。

当我做了偏旁以后,人们另造一个"糸"字,代替我来表达细丝这层意思。"糸"字随后又分化出后面那三个字。

我虽然细小幽微,但是意蕴(yùn)丰富,用处很多。

数字"1"和数词"一",都是数之初,数值很小。有时候,人们会用我来借指它们。火警电话"119"因而也读作"幺幺九"。急救电话"120"读作"幺二零"。八路军"一一五师"则读作"幺幺五师"。

骰(tóu)子是一种游戏用具,六个面上分别刻有一到六个圆点。人们习惯将刻有一个圆点的那一面称为"幺",刻有六个圆点的那一面称为"六"。"幺"的点数少、数值小,是输点。"六"的点数多、数值大,是赢点。轮到自己掷(zhì)骰子时,通常要连喊几个"六"字,为自己助威。对方则连连呼"幺",期待你掷出最低点。成语"呼幺喝(hè)六"即来源于此。人们通常用它来形容高声喧(xuān)嚷或者盛气凌人的样子。

我和"麽(mó)"字都含有细小的意思。"幺麽"的意思则是微小。

与我们有关的小丑,叫"幺麽小丑"。好在这种人从我们身上继承了"微小"这种基因,属于微不足道的坏人。既然不是大奸大恶,自然起不了什么大作用,成不了什么大气候。

"幺叔""幺儿""幺妹子"里的我,指的都是排行位居最末。

"幺弦"指的则是四弦琵(pí)琶(pa)当中最细的那根弦,即第四弦。人们也习惯用"幺弦"来借指琵琶。

"莫把幺弦拨,怨极弦能说。"[出自宋·张先《千秋岁(数声鶗鴂)》]

"轻拢慢捻抹复挑,初为《霓(ní)裳》后《六幺》。"(出自唐·白居易《琵琶行》)

很多古诗词里都有我的身影。

我来造字

我们这个家族的汉字,主要和细小有关。

我通常待在我朋友的左边,有时候也跑到其他位置。

因为我是以"幺"字的身份做偏旁,所以大家都叫我"幺字旁"。

小篆

玄

隶书

我遇到京字头(亠),
就变成了"玄"字。

玄为黑色,隐晦(huì)深奥。
玄之又玄,众妙之门。

小篆

幻

隶书

遇到横折钩(乛),
就变成了"幻"字。

明知皆梦幻,莫认假为真。

小篆

幼
隶书

遇到"力"字,
就变成了"幼"字。

别看我年幼,我有大力气。

小篆

吆
隶书

遇到"口"字,
就变成了"吆"字。

吆吆喝喝,吆喝一番。

小篆

畿
隶书

遇到我弟弟、"田"字和"戈"字,
就变成了"畿(jī)"字。

燕赵故里,京畿重地。京畿是国都及国都附近的地区。

选自赵孟頫书《杭州福神观记》

门外扃两庑翼
卫为殿周阿以
奉三清又遶福
神观殿以祀玄

名帖赏析

《杭州福神观（guàn）记》，由元初文坛泰斗邓文原撰文，时年67岁的赵孟頫（fǔ）书丹并篆额，记述道教领袖张惟一委派崔汝晋重建位于西湖断桥之侧的福神观之始末。此碑系赵孟頫晚年楷书力作，运笔酣畅，雄浑圆润，已达"人书俱老，炉火纯青"的境界。

紧字底

糹

我是紧字底。
我长这个样子：

打字的时候，
你打"mi"，
我就会现身。

我的祖先很酷。它们长这个样子：

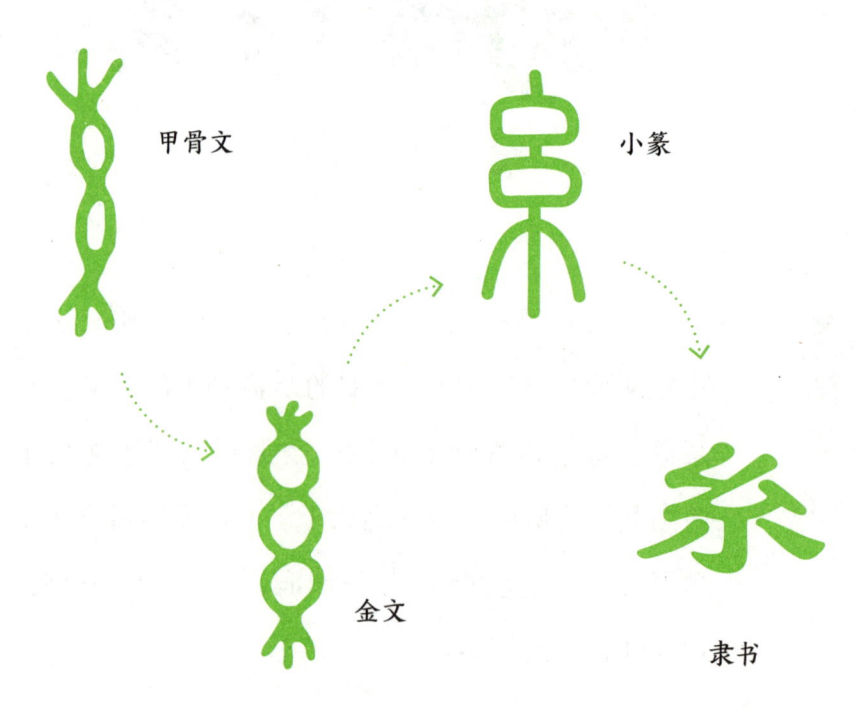

甲骨文

小篆

金文

糸

隶书

你看我的甲骨文祖先，像不像两端打有结头，整体束在一起的一束丝线？小篆祖先是不是演变成了一端带有线头，一端带有结头的形状？

后来，是不是慢慢演变成了一个"幺（yāo）"字和一个"小"字？

我的故事

我呀，其实就是那个"糸（mì）"字，最初的意思是细丝，泛指丝线。

也有人说，我的甲骨文祖先身上那几个圈圈代表的不是丝线，而是蚕（cán）茧（jiǎn）。两端也不是结头，而是从蚕茧上抽下来的蚕丝。

古时候，人们养蚕缫（sāo）丝，用蚕丝来制作绫（líng）罗绸（chóu）缎（duàn）。一蚕所吐为"忽"，五忽为"糸"，十忽为"丝"。

人们通常用"丝"来形容一点儿和极少。什么"一丝不苟（gǒu）"啦，"丝毫不差"啦，"纹丝不动"啦，什么"一丝春风"啦，"一丝笑容"啦，"一丝温暖"啦，都是这种用法。

我比"丝"还少，是它的一半。

我的主要作用是做偏旁。我在下边做偏旁的时候，叫"紧字底"。在左边做偏旁的时候，变身为"纟（sī）"字，叫"绞丝旁"。"纟"字后来又简化为"纟"。

  当我做了偏旁以后,人们取两束丝相并之义,另造一个"絲(sī)"字,代替我来表达丝线这层意思。"絲"字后来又简化为"丝"。

  "春蚕到死丝方尽,蜡炬成灰泪始干。"(出自唐·李商隐《无题》)

  "梦里楚江昏似墨,画中湖雨白于丝。"[出自明·程嘉燧(suì)《春尽感怀》]

  这些古诗词里的"丝"字,让我感到非常亲切,同时跟着沾染了一番诗意。

我来造字

我们这个家族的汉字,主要和丝线有关。
我总是待在我朋友的脚下。
因为"紧"字是我们这个家族的常见字,我是"紧"字之底,所以大家都叫我"紧字底"。

小篆

紧
隶书

我遇到两竖和"又"字,就变成了"紧"字。

紧是缠丝时丝线在拉力作用下紧绷的紧张状态。
"紧"是"緊"的简化字。

小篆

素
隶书

遇到两横一竖和另外一横，就变成了"素"字。

素是由原丝制成的、未经加工染色的白色丝织品，借指白色。十三能织素，十四学裁衣。

小篆

索
隶书

遇到"十"字和秃宝盖（冖），就变成了"索"字。

小者为绳，大者为索。大渡桥横铁索寒。

小篆

萦
隶书

遇到草字头（艹）和秃宝盖（冖），就变成了"縈（yíng）"字。

縈是把丝线缠绕成团。
就让这首歌，萦绕在耳边。
"萦"是"縈"的简化字。

小篆

絮

隶书

遇到"如"字,
就变成了"絮（xù）"字。

絮是粗丝绵。棉花吐絮，杨柳飞絮。

小篆

紫

隶书

遇到"此"字,
就变成了"紫"字。

紫是黑红色的丝织品，借指紫色。

小篆

繁

隶书

遇到"敏"字,
就变成了"繁"字。

繁是妇女头上垂下的丝线类饰物，借指繁多。

绞丝旁

我是绞丝旁。
我长这个样子：

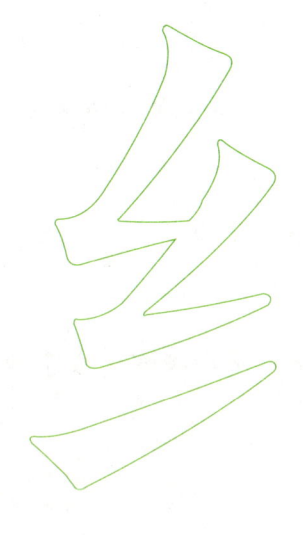

纟

打字的时候，你打"sī"，我就会现身。

我的祖先很酷。它们长这个样子：

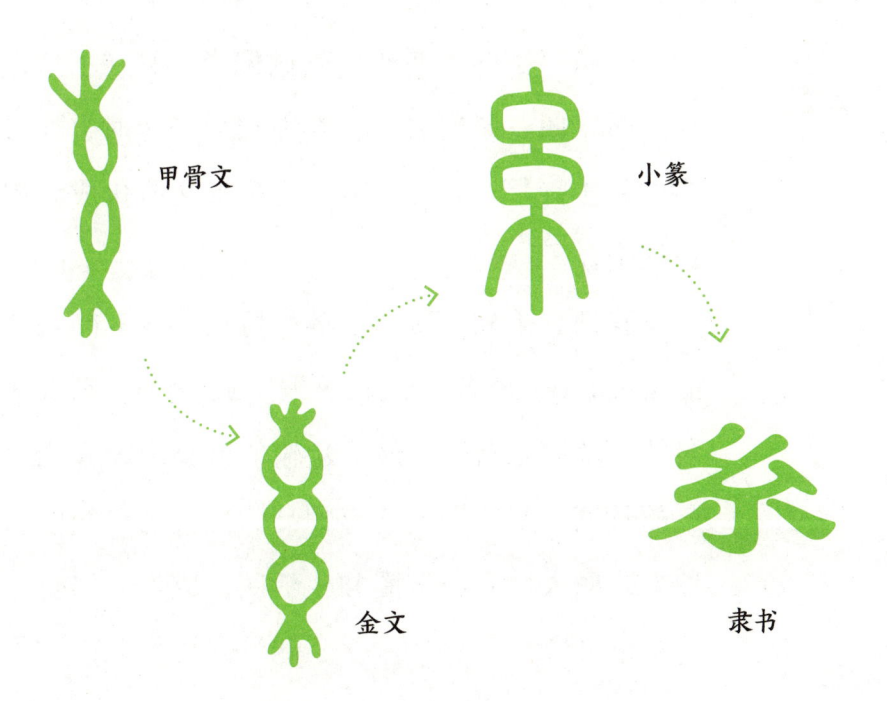

甲骨文

金文

小篆

隶书 糸

你看我的甲骨文祖先，像不像两端打有结头，整体束在一起的一束丝线？小篆祖先是不是演变成了一端带有线头，一端带有结头的形状？

后来，是不是慢慢演变成了一个"幺（yāo）"字和一个"小"字？

到了我这一辈，是不是最终演变成了两个撇折和一提？

我的故事

我呀，其实就是那个"糸（mì）"字，是它分化出来的写法，最初的意思是细丝，泛指丝线。

"糸"字的主要作用是做偏旁。它在下边做偏旁时，叫"紧字底"。在左边做偏旁时，变身为"糹（sī）"字。"糹"字后来又简化成我现在这个样子。

我细长柔软，质地上等，可以织成五颜六色的绫（líng）罗绸（chóu）缎（duàn）。举世闻名的"丝绸之路"，最早运输的就是中国古代出产的丝绸、茶叶和瓷器等物品。我很高兴能以这种方式融入世界经济圈和生活圈，成为人们交往的媒介和载体。

我既然是丝线，自然也与金、石、土、革、丝、木、匏（páo）、竹"八音"有关。"八音"之中的"丝"，专指琴（qín）瑟（sè）、琵（pí）琶（pa）和二胡之类的弦乐器。这类乐器弦细如丝，旋律优美，主要靠弦的振动来发音。

"雨网蛛丝断，风枝鸟梦摇。"（出自宋·陈尧佐《后园十绝句》）

"野烟空翠合，丝雨半帘垂。"（出自明·郭第《喜吴翁升见寻遂移就松下榻》）

这些古诗词里的"丝"字，让我感到非常亲切，同时跟着沾染了一番诗意。

我来造字

我们这个家族的汉字，主要和丝制品有关。

我通常待在我朋友的左边，有时候也跑到其他位置。

因为"绞（jiǎo）"字是我们这个家族的常见字，我是"绞"字的偏旁，再加上我本身的意思就是"丝"，所以大家都叫我"绞丝旁"或者"绞丝"。

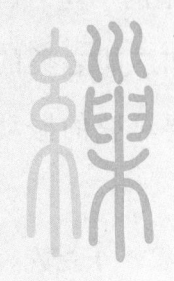

小篆

缫
隶书

我遇到"巢"字,
就变成了"缫(sāo)"字。

缫得新丝白,将来织素缣(jiān)。

小篆

织
隶书

遇到"只"字,
就变成了"织"字。

蟋蟀又叫"蛐蛐"和"促织","呿呿(qū)"地叫着,声如急织。纺织娘"吱吱"地叫着,好像它也在织布似的。
"织"是"織"的简化字。

小篆

结

隶书

遇到"吉"字,
就变成了"结"字。

结巴、结果、结实,都读"jiē"。
结冰、结论、结婚、张灯结彩,
都读"jié"。

小篆

缝

隶书

遇到"逢"字,
就变成了"缝"字。

缝(féng)衣针难缝(féng)
石头缝(fèng)。

小篆

辫

隶书

遇到两个"辛"字,
就变成了"辫"字。

双辫摇摇跳小绳。

土字旁

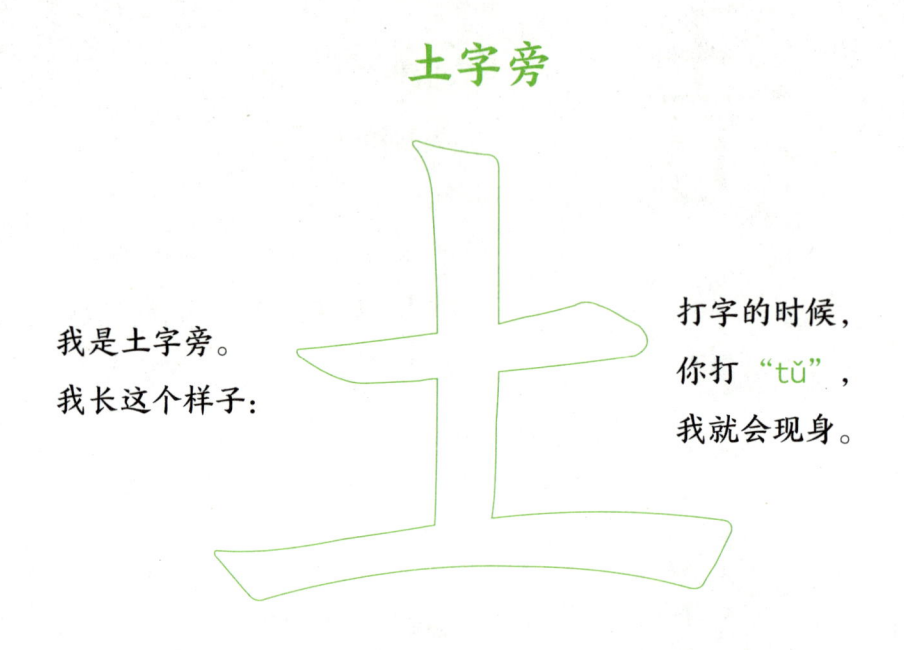

我是土字旁。
我长这个样子：

土

打字的时候，
你打"tǔ"，
我就会现身。

我的祖先很酷。它们长这个样子：

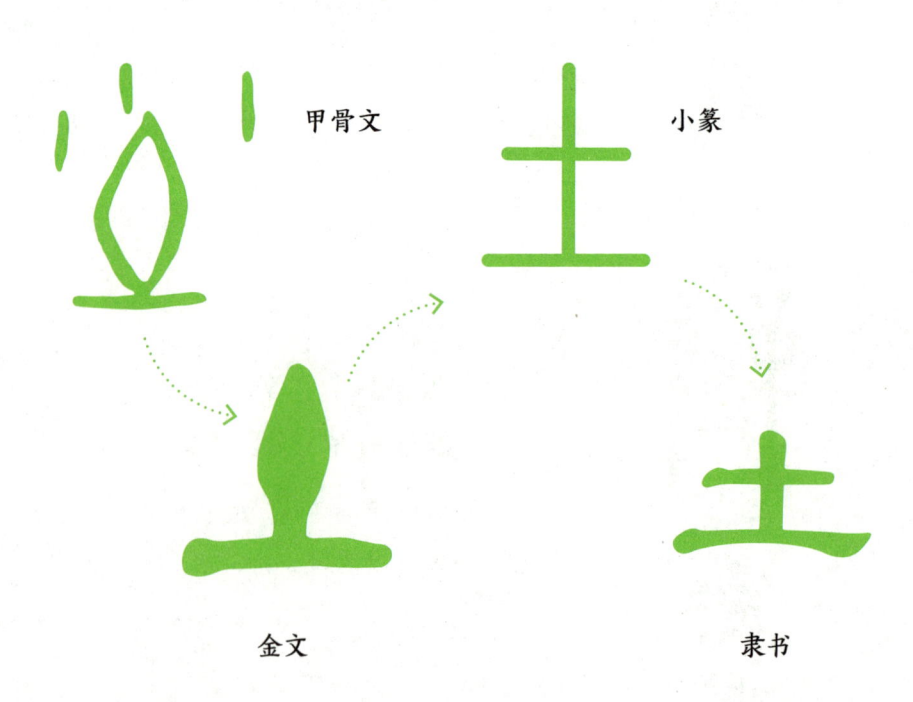

甲骨文

小篆 土

金文

隶书 土

你看我的甲骨文祖先，像不像立在地面上的菱（líng）形土块？那三个小点，是不是代表从土块上脱落的土屑（xiè）？

后来，那个土块是不是省写成了一个"十"字？整体是不是演变成了一横一竖和另外一横？

我的故事

我呀，其实就是那个"土"字，最初的意思是土壤。

"二象地之下。地之中物出形也。"许慎先生在《说文解字》里说，我身上的两横代表"地之下"，一竖代表从地里长出来的植物。他如果看到我的甲骨文祖先，或许会改变自己的说法。

我的成分主要是泥沙混合物，有黑土，有黄土，还有红土。依靠自然风化，形成一厘米厚的土层，约需 400 年。

我和石头合称为"土石"。如果时间足够长，我可以变成石头，石头也可以变成我。

我是金、木、水、火、土"五行"之一。我能克水，筑成大坝阻挡水流。水也经常流到我怀里，把我和成稀泥。木能克我，将根须深深扎入我的身体。当我改变酸碱度的时候，木也得适应我，跟着我的节奏变换树种。

我还是金、石、土、革、丝、木、匏（páo）、竹"八音"之一。古人常用我来烧制埙（xūn）和缶（fǒu）之类的乐器。

我喜欢和土里土气、土头土脑的人打交道。土生土长，说土话，吃土产，别有一番泥土气息。

"土暖春长在，峰高月易沉。"［出自宋·夏竦（sǒng）《桐柏观》］

"欲挽天河水，一洗尘土缨。"（出自宋·舒邦佐《晓起》）

很多古诗词里都有我的身影。

我来造字

我们这个家族的汉字，主要和土壤有关。

我通常待在我朋友的左边，有时候也跑到其他位置。

因为我是以"土"字的身份做偏旁，所以大家都叫我"土字旁"。

待在我朋友的左边时，我身上的最后一笔会斜提而上，变成笔画提。此时的我，也叫"提土旁"。

小篆

地
隶书

我遇到"也"字,
就变成了"地"字。

我们生活在地球上,陆地上有山有平原。田地里长满了庄稼,每个地方都很富饶。我们幸福地生活着。

小篆

堤
隶书

遇到"是"字,
就变成了"堤(dī)"字。

十里长堤,杨柳堆烟。

小篆

垛
隶书

遇到"朵"字,
就变成了"垛"字。

我们爬到了高高的草垛上。

坐
小篆

坐
隶书

遇到两个"人"字,
就变成了"坐"字。

两人面对面坐在土堆上。

圭
小篆

圭
隶书

遇到我弟弟,
就变成了"圭(guī)"字。

玉圭是帝王和诸侯参加隆重礼仪活动时所执的礼器,上尖下方。土圭是观测日影的仪器,由圭(平放在石座上的尺子)和表(立在南北两端的标杆)组成,也叫"圭表"。

土
土土
小篆

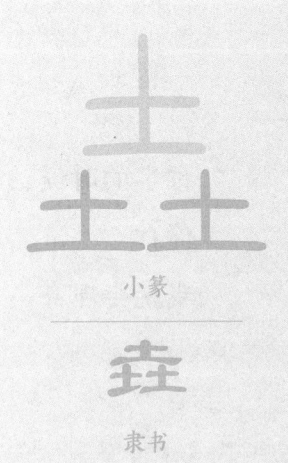

垚
隶书

"圭"字再遇到我妹妹，就变成了"垚（yáo）"字。

三土为垚，土多且高。鑫（xīn）、森、淼（miǎo）、焱（yàn）、垚，如要取名，速速拿去。

牆
小篆

墙
隶书

遇到"嗇（sè）"字，就变成了"墙"字。

墙内开花墙外香。
"墙"是"牆"的简化字。"墙"原本是"牆"的异体字，后来变成了正体字，再后来又简化成了"墙"。

木字旁

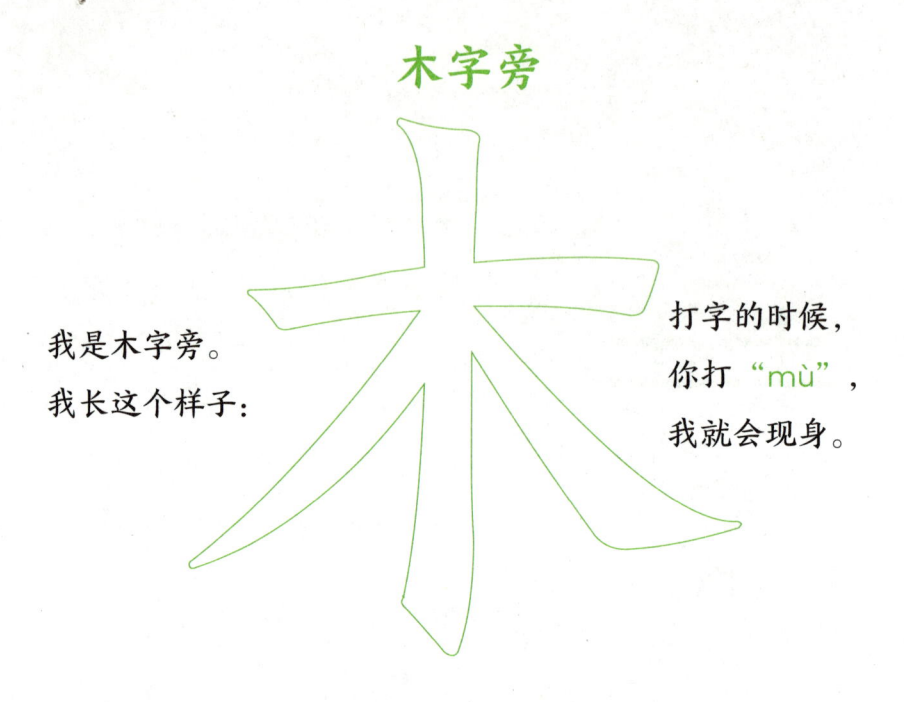

我是木字旁。
我长这个样子：

打字的时候，
你打"mù"，
我就会现身。

我的祖先很酷。它们长这个样子：

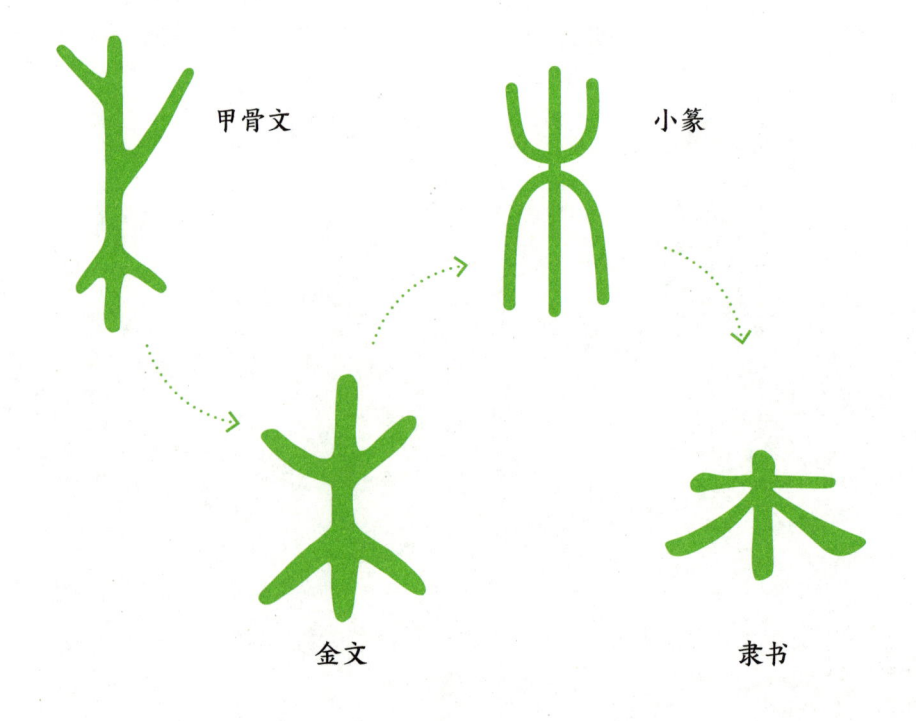

甲骨文

小篆

金文

隶书

你看我的甲骨文祖先，像不像一棵树的形状？是不是树干、树枝和树根俱全？

后来，是不是慢慢演变成了一横一竖和一撇一捺？

我的故事

我呀，其实就是那个"木"字，最初的意思是树木，泛指木本植物。

我和"朩（pìn）"字长得极为相似。它的意思是剥取麻秆上的麻皮。枲（xǐ）麻是只开花不结子的雄麻。"枲"字和"麻"字当中的我，其实都是由"朩"字变形而来。

"杀""杂""亲"三个字当中，也都有"朩"字。不过，它们当中的"朩"字，与剥取麻皮无关，而是与人体、树木以及刑刀有关。

我分为乔木和灌（guàn）木两种。我是木本植物，草是草本植物。我们合称为"草木"。

藤（téng）本植物喜欢缠着我去追天上的白云，甩都甩不掉。"从来都是藤缠树，世上哪有树缠藤？"这话说得很公允。

大家一提到我，通常还会想到另外一层意思：

木头和木材。

人们认为我感觉系统不灵敏，碰一下不会喊疼，砍一刀也不会反抗。于是借用我这种特性，将失去知觉称为"麻木"，将反应迟钝（dùn）称为"木头木脑"。

我是金、石、土、革、丝、木、匏（páo）、竹"八音"之一，专指柷（zhù）、敔（yǔ）之类的木制乐器。柷似量斗，上宽下窄，撞击内壁，引奏众乐。敔如伏虎，背有齿板，竹筒破条而刮，终止乐曲。

我还是金、木、水、火、土"五行"之一。金能克我。斧斤之类的金属工具，可以将我齐根放倒。我能克土，可以扎根土中，防止土壤松散流失。水能生我，适量的水分可以使我长得更加茂盛。我能生火，将我点燃后会变成熊熊大火。

"樹（shù）"字最初的意思是用手植木。"十年樹木，百年樹人"里的它，还引申为培植和培养的意思。

后来，"樹"字专门代替我来表达树木这层意思。我们合称为"樹木"。汉字简化的时候，它又简化为"树"。杨树、柳树、苹果树和梨树，都是树木。

"国破山河在，城春草木深。"（出自唐·杜甫《春望》）
"草屋倚寒木，疏梅横短篱。"（出自宋·李公明《漫作》）
很多古诗词里都有我的身影。

| 我来造字 |

我们这个家族的汉字，主要和树木有关。

我通常待在我朋友的左边，有时候也跑到其他位置。

因为我是以"木"字的身份做偏旁，所以大家都叫我"木字旁"。

樹
小篆

树
隶书

我遇到"对"字，
就变成了"树"字。

杏树开了一树花。
"树"是"樹"的简化字。

林
小篆

林
隶书

遇到我弟弟，
就变成了"林"字。

走进林海听林涛。

小篆

森
隶书

"林"字再遇到我妹妹,
就变成了"森"字。

森林里古木森然。

小篆

果
隶书

遇到"口"字和一横,
就变成了"果"字。

果园里果实累累。

小篆

本
隶书

遇到"一"字,跑到我脚下,
就变成了"本"字。

水有源,木有本,无本之
木不能活。

小篆

未
隶书

跑到我脖子上,
就变成了"未"字。

枝繁叶茂,生长未止。

小篆

末
隶书

再一高兴,
就变成了"末"字。

末大必折,小鸟从树梢上急急飞走了。

选自赵孟頫书《道德经》

两㕎荆棘生焉大军之後必有凶年故善者果而已不敢以取强焉果而勿伐果而勿驕果而勿得已果而勿强物壮则老是谓不道不道早已
夫佳兵者不祥之器物或恶之故有道者不㕎君子居则贵左用兵则贵右兵者不祥之器非君子之器不得已而用之恬淡为上胜而不美而美之者是乐杀人夫乐杀人者不可得志於天下矣吉事尚左凶事尚右是以偏将军㕎左上将军㕎右言居上势则以丧礼

名帖赏析

《道德经》，又名《道德真经》《老子五千文》，是春秋时期老子所著的一部哲学著作。赵孟頫(fǔ)，字子昂，号松雪道人，元初著名书画家。赵孟頫书《道德经》，于延祐三年（公元1316年）写于松雪斋。赵孟頫时年63岁。此作系小楷，笔法稳健，工整秀丽，现藏于北京故宫博物院。

屮字旁

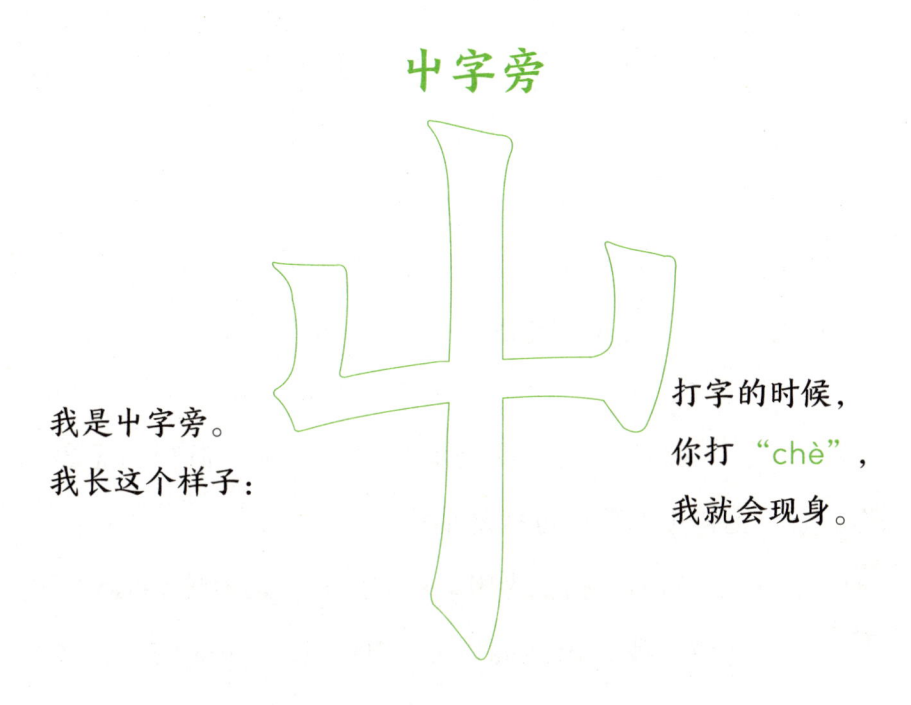

我是屮字旁。
我长这个样子：

打字的时候，
你打"chè"，
我就会现身。

我的祖先很酷。它们长这个样子：

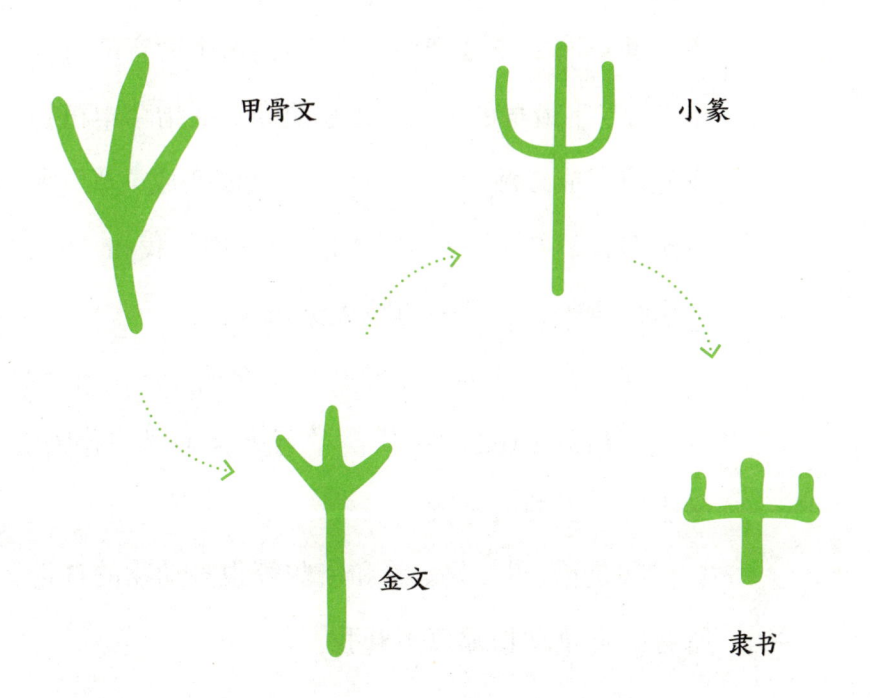

甲骨文

小篆

金文

隶书

你看我的甲骨文祖先，像不像初生的小草？中间那个笔画，是不是代表草茎？两边那两个笔画，是不是代表分生出来的草叶？

后来，是不是慢慢演变成了一竖、一个竖折和另外一竖？

我的故事

我呀，其实就是那个"屮"字，最初的意思是初生之草，也就是小草。

古有"初生为屮，蔓（màn）延为艸（cǎo）"之说。我钻出地面以后，再生长一段时间，就蔓延成了艸。如果地盘足够大，我甚至可以发展成宽阔的草坪和无边无际的草原。

我还有一个读音为"cǎo"。读这个读音的时候，是"艸"字最早的写法，意思是草，泛指草本植物。我先演变成"艸"字，"艸"字又演变成"草"字。时至今日，"草"字被人们广泛使用，我和"艸"字乐得清闲，躺到一边睡大觉去了。

我生命力顽强，茎叶每年都会萌（méng）发一次、枯萎（wěi）一次。"野火烧不尽，春风吹又生"，说的就是我。

我是猪、牛、马、羊和骆驼等很多动物的食物。所有的食草动物都离不开我。

因为谁都可以在我们身上踩上一脚，我们似乎成了卑贱的代名词。"草民"就含有这层意思。连底层群众也跟着我们沾光，被称为"草根族"或者"草根阶层"。

"雪岸丛梅发，春泥百草生。"（出自唐·杜甫《陪裴使君登岳阳楼》）

"草木本无意，荣枯自有时。"（出自唐·孟浩然《江上寄山阴崔少府国辅》）

这些古诗词里的"草"字，让我感到非常亲切，同时跟着沾染了一番诗意。

我来造字

我们这个家族的汉字，主要和草本植物有关。

我通常和我的兄弟姐妹们群居在一起，有时候也跑到其他位置。

因为我是以"屮"字的身份做偏旁，所以大家都叫我"屮字旁"。

小篆

隶书

我遇到我弟弟和我妹妹，就变成了"芔（huì）"字。

芔是草的总称。古时候"芔"和"卉"通用，现在用"卉"字代替了"芔"字。

小篆

艸

隶书

遇到我哥哥、我弟弟和我妹妹，
就变成了"艸（mǎng）"字。

艸为众草。艸然乃众多之貌。

小篆

出

隶书

遇到凶字框（凵），
就变成了"出"字。

草木从地里长出来。我们从山洞里钻出来。

小篆

蚩

隶书

遇到"一"字和"虫"字，
就变成了"蚩（chī）"字。

黄帝杀蚩尤。蚩尤之血变成蚩虫。

草字头

艹

我是草字头。
我长这个样子：

打字的时候，
你打"cǎo"，
我就会现身。

我的祖先很酷。它们长这个样子：

小篆　　　　　　　　　隶书

你看我的小篆祖先,像不像两棵小草的形状?

后来,是不是演变成了两个"屮(chè)"字?

到了我这一辈,是不是最终演变成了一横两竖?

我的故事

我呀,其实就是那个"艸(cǎo)"字,是它分化出来的写法,最初的意思是草,泛指草本植物。

"屮""艸""茻(huì)""䒑(mǎng)"四个字,都是草根族,都是我的近亲。

最早的时候,"草"字的读音为"zào",意思是栎(lì)树的果实。因为栎实可以将帛(bó)染成黑色,所以"草(zào)"字也用来借指黑色。

后来,"草(zào)"字假借并取代了"艸"字,专指草本植物,读音也跟着变成了"cǎo"。人们另造一个"皂(zào)"字,代替它来表达栎实和黑色这两层意思。

再后来,"皂"字又演变成了"不分青红皂白"

的"皂（zào）"字。

我属于"草族"，个性鲜明，和人类关系密切。

兵马未动，粮草先行。我希望大家做事的时候，一定要提前谋划好，不能草率而行，更不能草草收场。

诸君闲暇（xiá）的时候，也可以练练章草和狂草，体验一下草书的龙飞凤舞和笔画牵连之美。

"春草阶下歇，夏花树底疏。"（出自明·蔡汝楠《退食园亭效韦刺史》）

"寂寞草中兰，亭亭山上松。"（出自唐·冯著《短歌行》）

这些古诗词里的"草"字，让我感到非常亲切，同时跟着沾染了一番诗意。

我来造字

我们这个家族的汉字，主要和草本植物有关。
我总是待在我朋友的头上。
因为"草"字是我们这个家族的常见字，我是"草"字之头，所以大家都叫我"草字头"。

小篆

芽

隶书

我遇到"牙"字,
就变成了"芽"字。

种子发芽了。

小篆

苗

隶书

遇到"田"字,
就变成了"苗"字。

麦苗长高了。

小篆

草

隶书

遇到"早"字,
就变成了"草"字。

春来草自青。

小篆

花
隶书

遇到"化"字,
就变成了"花"字。

野花开在野外。

小篆

芬
隶书

遇到"分"字,
就变成了"芬"字。

花自芬芳鸟自鸣。

小篆

荷
隶书

遇到"何"字,
就变成了"荷"字。

荷(hè)锄而归看荷(hé)花。

小篆

茄
隶书

遇到"加"字,
就变成了"茄(qié)"字。

照相的时候要喊"茄子"。

小篆

蔚
隶书

遇到"尉"字,
就变成了"蔚(wèi)"字。

蔚蓝的大海里有条船。

青字旁

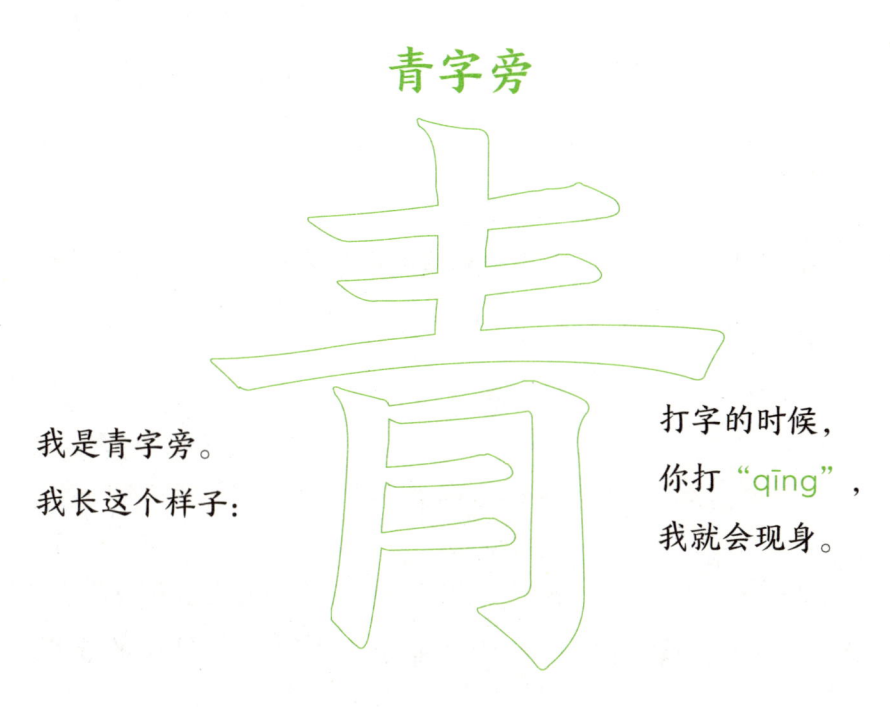

我是青字旁。
我长这个样子：

打字的时候，
你打"qīng"，
我就会现身。

我的祖先很酷。它们长这个样子：

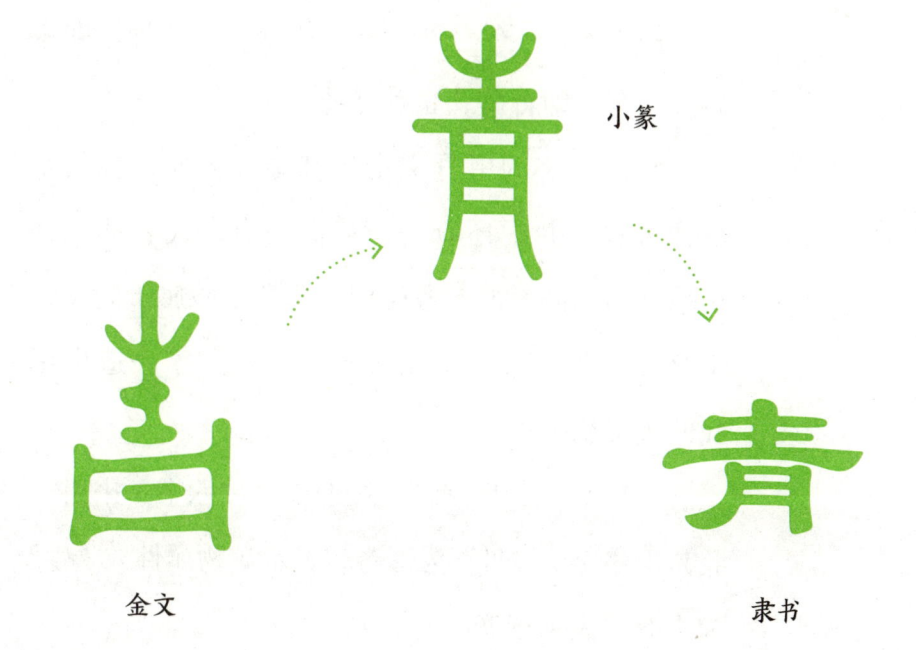

小篆

金文

隶书

你看我的金文祖先,上边是不是"生"字?下边是不是形似矿井的"丹"字?

到了我这一辈,是不是最终演变成了两横一竖、一横一竖、一个横折钩和两横?

我的故事

我呀,其实就是那个"青"字,最初的意思是青雘(huò),一种蓝色颜料。

西周时期,专门设有"职金"一官,"掌凡金、玉、锡(xī)、石、丹、青之戒令"。"丹"即朱砂。"青"即青雘,也就是我。

"丹"字的甲骨文祖先和金文祖先,看起来都像矿井。井中还有一横或者一点,代表从矿井里采到的朱砂。古人考虑到青雘和朱砂属于同类,于是在"丹"字上面增加一个"生"字,造出了我的金文祖先。

"青从丹,生声。"按照汉字"六书"来讲,我是形声字。"丹"为形旁,表示矿物属性。"生"为声旁,表示读音。

"竹帛（bó）所载，丹青所画。"我和"丹"合称为"丹青"，是古人常用的两种绘画颜料。人们习惯用"丹青"来借指绘画艺术或者画作。"尤擅丹青"的意思，就是尤其擅长绘画。

赤橙黄绿青蓝紫，我介于绿色和蓝色之间。

我不甘安于现状，总想有所进步。"青出于蓝，而胜于蓝"，是大家对我最好的褒奖。

人们习惯用我来借指绿色的事物或者其他颜色。

"踏青"，踏的并不是青色颜料，而是指绿色的小草。

"青史"，并不是青色的历史，而是指记在竹简上的史事。竹简由青竹而来，记在竹简上的史事因而得名为"青史"。人们常以此借指史书。

"青丝"，并不是青色的头发，而是指黑发。

"青青河畔（pàn）草，郁郁园中柳。"（出自汉·佚名《古诗十九首·青青河畔草》）

"大雪压青松，青松挺且直。"（出自现代·陈毅《青松》）

很多古诗词里都有我的身影。

我来造字

我们这个家族的汉字，主要和颜色有关。

我通常待在我朋友的左边或者右边，有时候也跑到其他位置。

因为我是以"青"字的身份做偏旁，所以大家都叫我"青字旁"。

小篆

睛
隶书

我遇到"目"字，
就变成了"睛"字。

目不转睛。

小篆

倩
隶书

遇到单人旁（亻），
就变成了"倩（qiàn）"字。

巧笑倩兮。

小篆

靛
隶书

遇到"定"字,
就变成了"靛(diàn)"字。

靛蓝色即深蓝色。
"靛"原本是"䗉"的异体字,
现在以"靛"为正体字。

小篆

请
隶书

遇到言字旁(讠),
就变成了"请"字。

请君试问东流水,别意与之谁短长?

小篆

氰
隶书

遇到"气"字,
就变成了"氰(qíng)"字。

氰化物有剧毒。

选自赵孟頫书《洛神赋》

而不能去。大德五年岁在辛丑十一月甲子快雪时晴书于松雪斋

子昂

名帖赏析

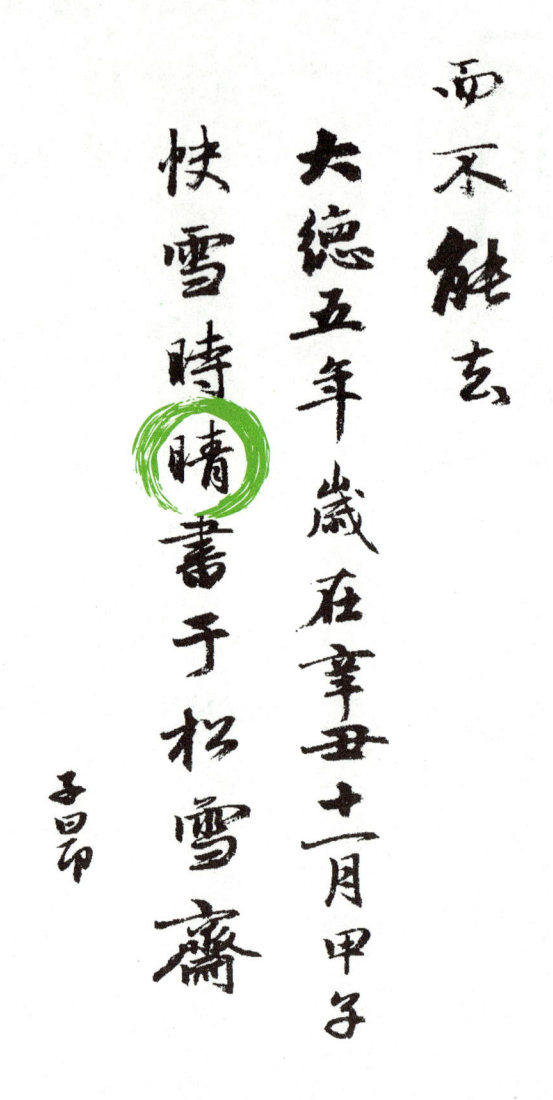

　　《洛神赋》是三国时期著名文学家曹植创作的辞赋名篇。赵孟頫一生多次以行书形式书写过《洛神赋》，并有多种版本传世。此版本书于大德五年（公元1301年），自署书于松雪斋，落款子昂。赵孟頫时年48岁，笔法圆转纯熟，意态沉稳潇洒，令人赏心悦目。

竹字头

我是竹字头。
我长这个样子：

打字的时候，我不知道怎么才能打出我来，好尴（gān）尬（gà）呀！

我的祖先很酷。它们长这个样子：

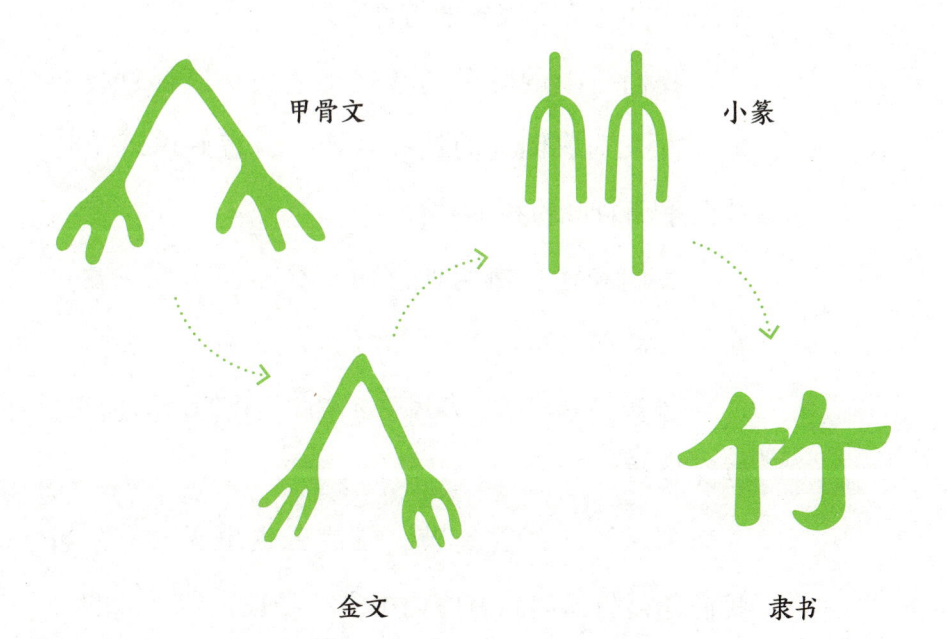

甲骨文

小篆

金文

竹

隶书

你看我的甲骨文祖先，像不像两枝倒垂的竹枝？竹枝上是不是两两对生，长有四片竹叶？

后来，左边是不是慢慢演变成了一撇一横和一竖？右边是不是演变成了一撇一横和一个竖钩？

到了我这一辈，是不是最终演变成了两组"一撇一横和一点"？

我的故事

我呀，其实就是那个"竹"字，是它分化出来的写法，最初的意思是竹子。

我既然是"竹"字的变体，自然也属于竹族，很了解自己这个家族的特性。

我们身上的叶子通常聚于枝头，压得竹枝下垂。古人选取倒垂的枝叶来造字，正好体现出竹枝低垂和竹叶纷披的特性。

我们和松、梅两种植物，都不畏霜雪，傲立寒冬，素有"岁寒三友"之称。

"新笋看成竹，春风去不知。"我们由笋而来，复又生笋。

"未出土时先有节，便凌云去也无心。"当我们还是竹笋时，就腹内中空，身板一节一节的。

人们认为我们虚心而有气节，将我们视为品性高洁的象征。

最早的时候，古人还不会造纸，通常是将我们剖成竹片，做成竹简，用来写字。写有文章的竹简，用皮韦编连成册，就变成了"竹书"。

我们还可以用作刑具。古时候实施笞（chī）刑，用的就是竹片或者荆（jīng）条，打在后背或者屁股上，疼痛难忍。

我们还可以用来制作乐器。金、石、土、革、丝、木、匏（páo）、竹，统称为"八音"。"八音"之中的"竹"，指的就是用我们制成的笙（shēng）、笛、箫之类的管乐器。

我们喜欢"竹筒倒豆子——一干二净"，向来是说话坦诚，毫无保留。

我们从不做"竹篮打水——一场空"的事情，没人愿意白费力气，劳而无功。

"江山千古意，松竹四时春。"（出自宋·戴复古《题新涂何宏甫江村》）

"竹径风时扫，柴门月自来。"（出自明·蓝仁《挽陈景章》）

这些古诗词里的"竹"字，让我感到非常亲切，同时跟着沾染了一番诗意。

我来造字

我们这个家族的汉字，主要和竹子有关。

我总是待在我朋友的头上。

人们习惯称我为"**竹字头**"。

其实，按照"草字头是艹，包字头是勹"的命名规则来讲，"笋"字是我们这个家族的常见字，我是"笋"字之头，应该叫"**笋字头**"为宜。

小篆

竺

隶书

我遇到"二"字，
就变成了"竺（zhú）"字。

中国古代称印度为"天竺"，是梵（fàn）语"Sindhu"的音译，也曾译为"身毒"。

小篆

箨

隶书

遇到"择"字，
就变成了"籜（tuò）"字。

竹籜即笋壳。笋因落籜方成竹，鱼为奔波始化龙。

"箨"是"籜"的简化字。

小篆

茄

隶书

遇到"加"字,
就变成了"笳（jiā）"字。

胡笳似笛,凄怆（chuàng）哀怨。笳声未断肠先断,万里胡天鸟不飞。

小篆

笏

隶书

遇到"勿"字,
就变成了"笏（hù）"字。

朝笏是古代大臣上殿面君时所持的手板,狭长略曲,用来记事。翻持象笏作三公,倒佩（pèi）金鱼为两史。象笏是用象牙做的朝笏。

箕

小篆

隶书

遇到"其",
就变成了"箕"字。

簸(bò)箕(jī)上下颠簸(bǒ),簸(bǒ)掉米中沙粒。箕(jī)畚(běn)是扒箕和土筐。箕踞而坐,是叉开两腿,形似簸箕而坐。

箪

小篆

隶书

遇到"单"字,
就变成了"箪(dān)"字。

箪食(shí)壶浆。箪和笥(sì)都是带盖竹器。箪圆笥方,都能盛饭盛食。笥还能盛衣盛物。

支字旁

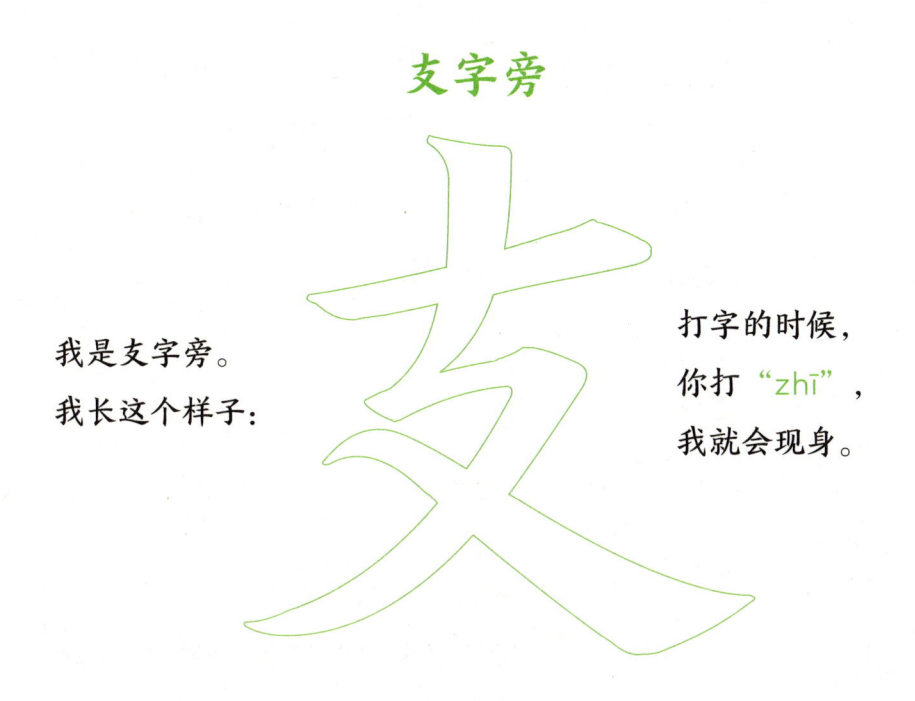

我是支字旁。
我长这个样子：

打字的时候，
你打"zhī"，
我就会现身。

我的祖先很酷。它们长这个样子：

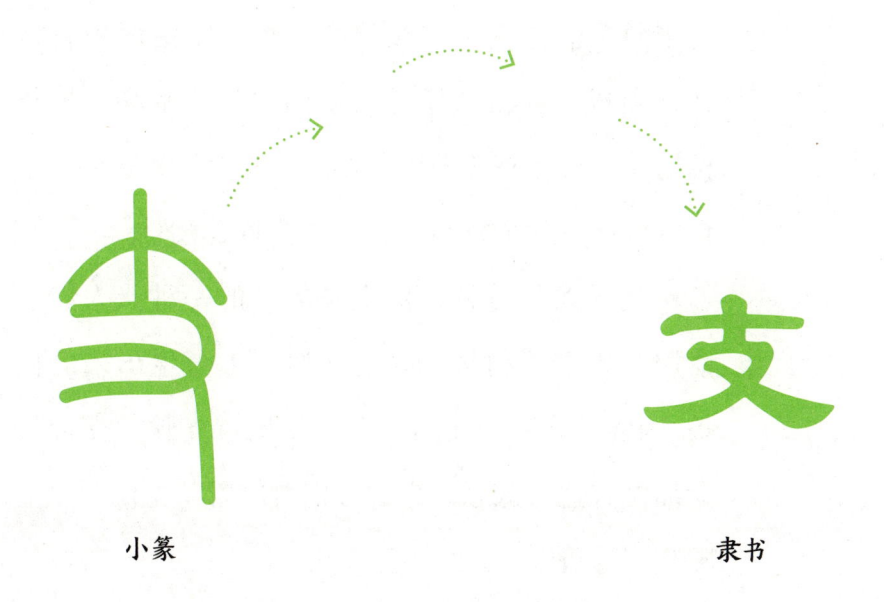

小篆

隶书

你看我的小篆祖先，像不像手持竹枝的形状？上面那些笔画，是不是代表竹枝？下面那些笔画，是不是代表右手？后来，是不是演变成了一横一竖和一个"又"字？

我的故事

我呀，其实就是那个"支"字，最初的意思是竹枝。

《说文解字》里说我是"去竹之枝"，从"手持半竹"。这话说得没错！"竹"字由两根竹枝并立而成。我由意思是右手的"又"字和一根竹枝构成，自然是"手持半竹"。既然是"手持"，自然也就离开了竹茎，成为"去竹之枝"。

我虽然是竹枝，但也是树枝的一种。人们习惯用我来借指树枝。我是从树干上分生出来的枝条，因而还含有分支的意思。"支流""支脉""支行"，就都含有这层意思。它们分别对应着"主流""主脉""总行"。

我能做拐杖，能做支架，还含有支持、支撑

和支援等意思。"力不能支""支帐篷""支农扶贫",就分别含有上述意思。

作为树枝,我是一枝一枝地生于树上,因而又被借用为量词。"一支铅笔""一支歌""一支队伍",都是这种用法。

古代的"天干地支",简称为"干支"。天干相当于树木之干,地支相当于树木之枝。天干有十,地支有十二。

"十二地支"分别是:子、丑、寅(yín)、卯(mǎo)、辰、巳(sì)、午、未、申、酉(yǒu)、戌(xū)、亥(hài)。

古时候的我,除了借指树枝,还借指四肢。

后来,为了突出我的木质属性,人们在我的左边增加一个"木"字,另造一个"枝"字,代替我来表达树枝这层意思。

为了突出我的人体属性,人们在我的左边增加一个肉月旁,另造一个"肢"字,代替我来表达四肢这层意思。

"一张落雁弓,百支金花箭。"[出自敦煌曲子词《生查子(三尺龙泉剑)》]

"柳软腰支嫩,梅香密气融。"(出自唐·元稹《生春二十首》)

很多古诗词里都有我的身影。

我来造字

我们这个家族的汉字，主要和树枝有关，和分支有关。

我通常待在我朋友的右边，有时候也跑到其他位置。

因为我是以"支"字的身份做偏旁，所以大家都叫我"支字旁"。

小篆

翅

隶书

我遇到"羽"字，就变成了"翅"字。

鸟有鸟翅，鱼有鱼翅。

小篆

技

隶书

遇到提手旁（扌），就变成了"技"字。

学一技之长，做大国工匠。

小篆

伎
隶书

遇到单人旁（亻），
就变成了"伎（jì）"字。

歌舞伎唱歌跳舞。大骗子故伎重演。

小篆

鼓
隶书

遇到"十"字和"豆"字，
就变成了"鼓"字。

悬羊击鼓迷惑敌人。

氏字旁

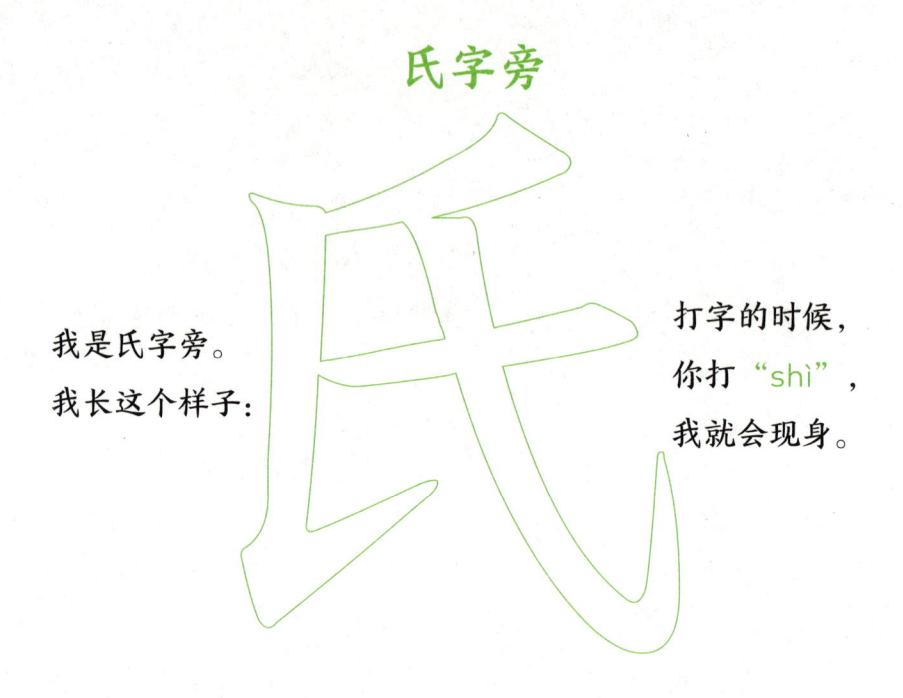

我是氏字旁。
我长这个样子：

打字的时候，
你打"shi"，
我就会现身。

我的祖先很酷。它们长这个样子：

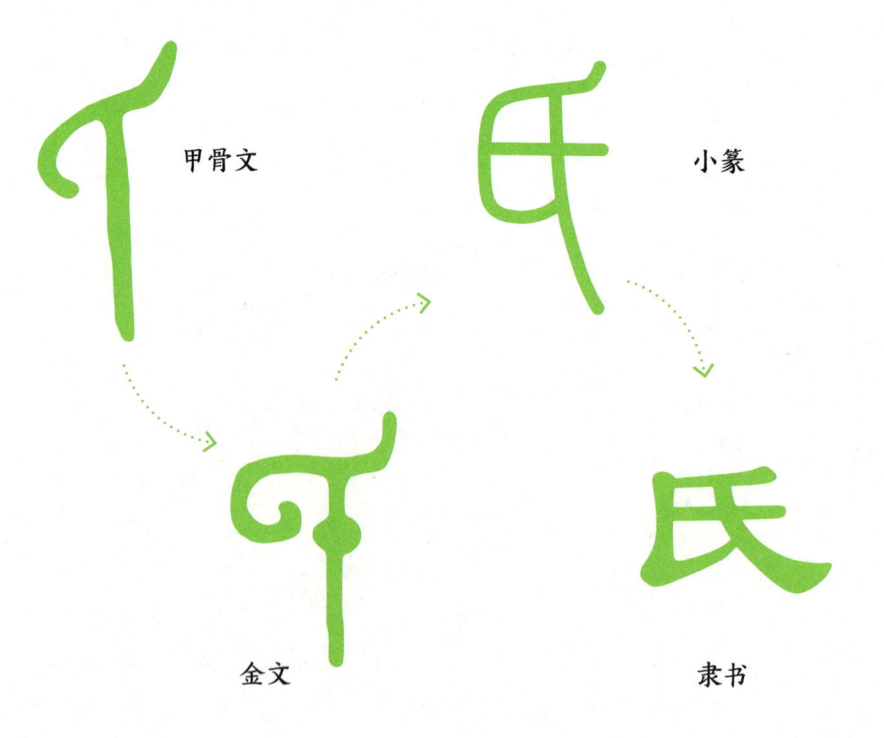

甲骨文

小篆

金文

隶书

你看我的甲骨文祖先，像不像树木根系的形状？它身上那一竖，是不是代表树木主根？那个秤钩形的笔画，是不是代表树干底部和侧根？金文祖先的主根上，是不是增加了一点？这一点是不是表示对主根的突出和强调？

后来，是不是慢慢演变成了一撇、一个竖提、一横和一个斜钩？

我的故事

我呀，其实就是那个"氏"字，最初的意思是树木主根，也就是根本。

树干和树枝都是由根本所出。我因而又引申为事物本源和根基的意思。

母系社会是群婚制。孩子只知其母，不知其父，子随母姓。姓是从始祖母那里传下来的。同一族群拥有共同的一个姓。比如姬（jī）姓和姜姓等，都带有女字旁，就是这种现象的体现。

父系社会时期，从原来的母系族群里，不断分出以某位男性为首领的分支。每个分支里的族人，都视各自的男性首领为宗族根源。他们在男性首领的名字后面加上我，以此来命名自己的支系。比如姬姓的分支轩（xuān）辕氏、姜姓的分支神农氏等，就是这一变化的证明。我因而又有了父系宗族根源的意思。

夏商周时期，"贵者有氏，贱者有名无氏"，我开始成为贵族男子的专称。

战国时期，"礼崩乐坏"，包括姓氏在内的宗法制度开始瓦解。

汉朝时期，我和"姓"合称为"姓氏"，差别基本消失。"姓氏"后来又简称为"姓"。

旧社会轻视女性，很多女人连名字都没有。女人结婚后，人们通常用她丈夫的姓、父亲的姓，再加上我来称呼她。假设她的丈夫姓刘，父亲姓张，她就是刘张氏。也可以称她为"张氏"。

古人自古就重视母亲家族与自身家族的两氏血缘结合关系。为了突出氏系脉络，同时也表示对母亲家族的敬重，通常以"外氏"来指代外祖父和外祖母家，以"舅氏"来指代舅父，以"母氏"来指代母亲。怀念亡母深恩的"我见舅氏，如母存焉"之句，即是此种伦理观念的体现。

人们常用我作为后缀（zhuì），来命名新发现的事物或者发明创造。"和氏璧"是用卞和发现的璞（pú）玉制成的玉璧。"摄氏度"是瑞典物理学家和天文学家安德斯·摄尔修斯所创立的一种测温标准。"陈氏定理"是数学家陈景润所推导出来的一项数论定理。

我还有一个读音为"zhī"。月氏人居月氏国,是古时西域(yù)游牧民族。阏(yān)氏是匈奴首领单于的正妻。她们美似胭(yān)脂。

"书从外氏学,竹自晋时栽。"[出自唐·卢纶《送从侄滁(chú)州觐(jìn)省(xǐng)》]

"岂须和氏璧,自有蓝田玉。"(出自宋·晁公溯《杨周辅来考试刑法同在别闱刚直士也喜为赋此》)

很多古诗词里都有我的身影。

我来造字

我们这个家族的汉字,主要和树根有关。

我通常待在我朋友的头上或者右边,有时候也跑到其他位置。

因为我是以"氐"字的身份做偏旁,所以大家都叫我"**氐字旁**"。

小篆

芪

隶书

我遇到草字头(艹),
就变成了"芪(qí)"字。

黄芪开黄花,芪根可入药。

祇

小篆

———

祇

隶书

遇到示字旁（礻），
就变成了"祇（qí）"字。

天神、地祇和人鬼，祇为地神。

昏

小篆

———

昏

隶书

遇到"日"字，
就变成了"昏"字。

"黄昏"颠倒过来就是"昏黄"。

小篆

纸

隶书

遇到绞丝旁（纟），
就变成了"纸"字。

敬惜字纸。

小篆

舐

隶书

遇到"舌"字，
就变成了"舐（shì）"字。

舔舐伤口。
"舐"原本是"䑛"的异体字，
现在以"舐"为正体字。

选自文征明书《离骚经》

舍也指九天以为正兮夫唯灵修之故也曰黄昏以为期兮羌
道而改路初既与余成言兮後悔遁而有他余既不难夫离别
伤灵修之数化余既滋兰之九畹兮又树蕙之百畝唯留夷与
其亦何伤兮哀衆芳之无秽衆皆竞进以贪婪兮凭不厌乎求
车兮礼衡与芳芷冀枝叶之峻茂子愿竢时兮吾将刈雖萎
羌内恕已以量人兮各兴心而嫉妬忽驰骛以追逐兮非余心
所急老冉冉其将至兮恐修名之不立朝饮木兰之坠露兮夕
揽菊之落英茍余情其信姱以练要兮长顑颔亦何伤擥木根
结茞兮贯薜荔之落蘂矫菌桂以纫蕙兮索胡绳之纚纚謇吾
夫前修兮非世俗之所服虽不周於今之人兮愿依彭咸之遗
长太息以掩涕兮哀人生之多艰余虽好修姱以鞿羁兮蹇朝
而夕替既替余以蕙纕兮又申之以揽茞亦余心之所善兮虽

名帖赏析

　　文征明，明代画家、书法家、文学家。与沈周共创"吴门画派"，"明四家"（沈周、文征明、唐寅、仇英）之一。与祝允明、唐寅、徐祯卿并称"吴中四才子"。文征明书《离骚经》，是其86岁时的小楷作品，疏密匀称，清秀俊逸。

氏字旁

我是氏(dǐ)字旁。
我长这个样子：

打字的时候，
你打"dǐ"，
我就会现身。

我的祖先很酷。它们长这个样子：

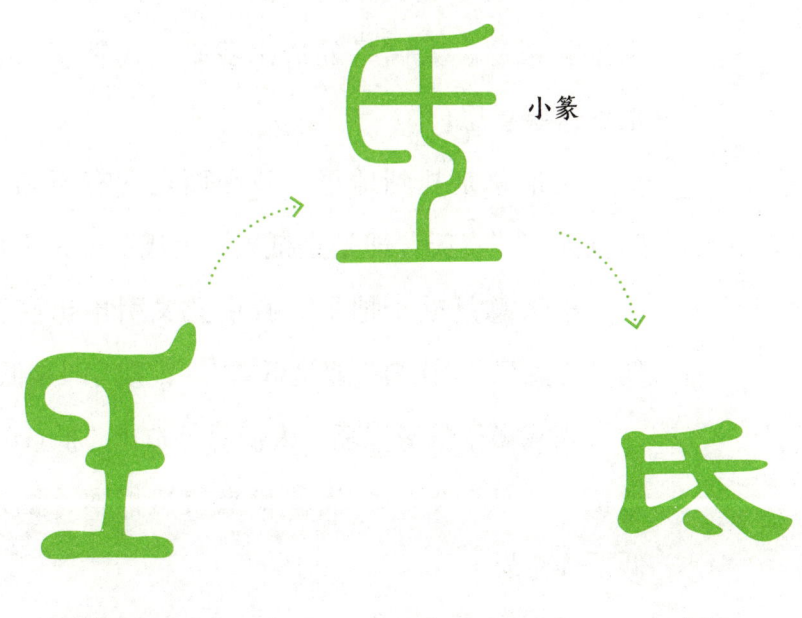

小篆

金文

隶书

你看我的金文祖先，是不是由"氐"字下面增加一横而来？增加的这一横，是不是代表土地？

后来，是不是慢慢演变成了一个"氏"字加一点？

我的故事

我呀，其实就是那个"氏"字，最初的意思是树木主根，也就是根本。

《太玄经》曰："小蜂营营，固其氐也。""固其氐"，即是固其根本。

我和"氏"字同源，最初的意思也一样。后来，它被借用为"姓氏"之"氏"，专门用来表示父系宗族根源。人们另外造出我来，代替它来表达根本这层意思。

树根总是扎到地里。我因而还含有至和抵达等意思。"直氐"即是直抵。"大氐"即是大抵。

根系总是处于地下。我由此又引申出底下和低下等意思。"氐首"即是低首。"氐贱"即是低贱。

当我做了偏旁以后，人们另外造出"柢(dǐ)""抵""低"等字，代替我来表达根本、抵达和低下等意思。

我还有一个读音为"dī"。读这个读音的时候，指的是古代西部一个少数民族，也就是氐族。氐族人平时都是自称为"盍（hé）稚（zhì）"。氐人只是中原人对他们的称呼。

氐族和同样位于西部的羌（qiāng）族，合称为"氐羌"。北部的匈（xiōng）奴、鲜卑、羯（jié）三个少数民族部落，和氐、羌合称为"五胡"。"五胡"之中，只有氐族是农耕民族，其余的都是游牧民族。

我还是"二十八星宿（xiù）"之一。角、亢（kàng）、房、心、尾、箕（jī）六星，和我共同组成龙的形象。我们春分时节出现在东部天空，合称为"苍龙七宿"。我是七宿中的第三宿，相当于龙的前爪，又叫"天根"。

"尹氏大（tài）师，维周之氐。"（出自先秦·佚名《诗经·小雅·节南山》）

"风声连雨雪，汉语杂氐羌。"（出自明·浦源《怀何士信谪西河》）

很多古诗词里都有我的身影。

我来造字

我们这个家族的汉字，主要和树根有关，和底下、低下以及抵达有关。

我通常待在我朋友的右边，有时候也跑到其他位置。

因为我是以"氐"字的身份做偏旁，所以大家都叫我"氐字旁"。

小篆

柢
隶书

我遇到"木"字,
就变成了"柢(dǐ)"字。

根柢终盘石,桑麻自转蓬。

小篆

抵
隶书

遇到提手旁(扌),
就变成了"抵"字。

人道海水深,不抵相思半。

小篆

诋
隶书

遇到言字旁(讠),
就变成了"诋(dǐ)"字。

深文巧诋,陷人于罪。

小篆

坻
隶书

遇到"土"字，
就变成了"坻"字。

天津宝坻（dǐ），如坻（chí）如京，谷米堆积如山似丘。那人宛在水中坻（chí），仿佛就在水中小洲。

小篆

胝
隶书

遇到"月"字，
就变成了"胝（zhī）"字。

胼（pián）手胝足，手掌和脚底磨出老茧。

小篆

底
隶书

遇到"广"字，
就变成了"底"字。

大树底下好乘凉。

日字旁

我是日字旁。
我长这个样子：

打字的时候，
你打"rì"，
我就会现身。

我的祖先很酷。它们长这个样子：

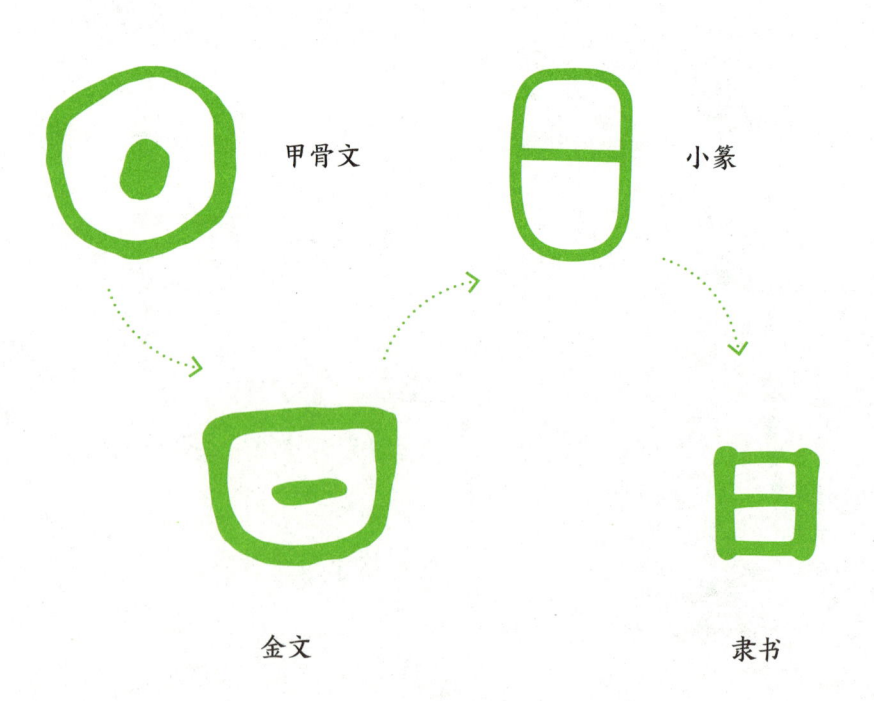

甲骨文

小篆

金文

隶书

你看我的甲骨文祖先，像不像太阳的形状？中间那一点，是不是对太阳发光特性的突出和强调？

后来，为了书写方便，是不是由圆变方，慢慢演变成了一个方框和一横？

我的故事

我呀，其实就是那个"日"字，最初的意思是太阳。

《说文解字》里说："日，实也。太阳之精不亏。"我圆满充盈（yíng），能量永不枯竭，不像月亮那样，有盈有亏。

我是离地球最近的恒星。我发出的光，叫"日光"，也叫"阳光"。我无私地普照着万物，大家都离不开我。这正应了孔子那句话："天无私覆（fù），地无私载，日月无私照。"

"日中则移，月满则亏。"我每天中午都会由盛转衰，渐渐西移，直至落下山去。

我白天升起，夜晚降落。人们习惯用我来借指白天。"日思夜想"和"夜以继日"里的我，都是这种用法。

我一天出现一次。人们通常用我来借指一天，即一昼（zhòu）夜。"千里江陵一日还"和"一日不见，如隔三秋"里的我，意思都是一天。

我经常出现在"夸父逐日"和"后羿（yì）射日"这些远古神话里。如果夸父还活着，我想和他再来一次赛跑。如果后羿还活着，我想再试试他的箭术。

"今岁今宵尽，明年明日催。"（出自唐·史青《应诏赋得除夜》）

"孤村芳草远，斜日杏花飞。"[出自宋·寇准《江南春（波渺渺）》]

很多古诗词里都有我的身影。

我来造字

我们这个家族的汉字，主要和太阳有关，和时间有关。

我通常待在我朋友的左边或者头上，有时候也跑到其他位置。

我偶尔会变身，胖成一个"曰（yuē）"字，夸张地模仿它张口说话的样子。

因为我是以"日"字的身份做偏旁，所以大家都叫我"日字旁"。

小篆

旭
隶书

我遇到"九"字，
就变成了"旭（xù）"字。

旭日东升。

小篆

映
隶书

遇到"央"字，
就变成了"映"字。

花压墙头柳映门。

小篆

晴
隶书

遇到"青"字，
就变成了"晴"字。

烟淡雨初晴。
"姓"是"晴"字最初的写法。
白天有日，夜晚有月，都是晴天。

日
小篆

旦
隶书

遇到"一"字,
就变成了"旦"字。

往来成白首,旦暮见青山。

暂
小篆

暂
隶书

遇到"斩"字,
就变成了"暂(zàn)"字。

落叶有暂响,暗虫无停声。

晶
小篆

晶
隶书

遇到我弟弟和我妹妹,
就变成了"晶"字。

卷起水晶帘,明月清风我。

月字旁

月

我是月字旁。
我长这个样子：

打字的时候，
你打"yuè"，
我就会现身。

我的祖先很酷。它们长这个样子：

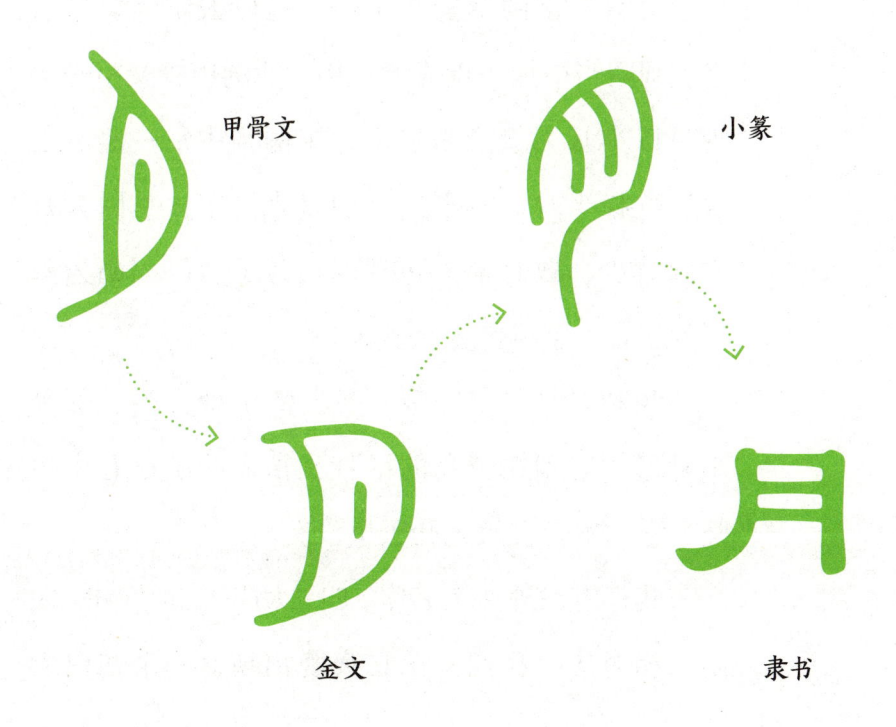

甲骨文

小篆

金文

隶书

你看我的甲骨文祖先,像不像半个月亮的形状?中间那一竖,是不是对月亮发光功能的突出和强调?

到了我这一辈,是不是最终演变成了一撇、一个横折钩和两横?

我的故事

我呀,其实就是那个"月"字,最初的意思是月亮。

"日"字的甲骨文祖先,是以太阳为象形造字,圆圈当中加一点或者一横。我的甲骨文祖先,则是以半月为象形来造字,半圆当中加一竖。之所以选择半月,而不选择圆月来造字,是因为月亮圆时少、缺时多,同时也是为了和以太阳为象形的"日"字相区分。

我和"夕"字同源。我们的甲骨文祖先都是半月形。区别在于我的甲骨文祖先肚子里有个短竖,它的甲骨文祖先肚子里没有。

我还有另外一个名字,叫"太阴",正好和"太阳"相对应。我们一个在夜晚出现,一个在白天出现；一个清冷素雅，一个火热无比。

我每个月都会盈（yíng）亏一次。人们将我的一个盈亏周期，称为"一个月"。

从农历每个月的初一开始，我都要经历新月、蛾（é）眉月、上弦月、盈凸月、满月、亏凸月、下弦月和残月这些阶段，然后再从新月开始，迎来一个新的轮回。

我在每个月的初七和初八变成上弦月，十五或者十六变成满月，二十二和二十三变成下弦月。"半个月亮爬上来"，说的就是上弦月和下弦月时候的我。此时的我，是半圆形态。

"海上生明月，天涯共此时。"（出自唐·张九龄《望月怀远》）

"月上柳梢头，人约黄昏后。"（出自宋·欧阳修《生查子·元夕》）

很多古诗词里都有我的身影。

我来造字

我们这个家族的汉字，主要和月亮有关。

我通常待在我朋友的左边，有时候也跑到其他位置。

因为我是以"月"字的身份做偏旁，所以大家都叫我"月字旁"。

小篆

朔

隶书

我遇到"屰（nì）"字，
就变成了"朔"字。

农历初一为朔日，月亮开始复生，月光未现。

小篆

朏

隶书

遇到"出"字，
就变成了"朏（fěi）"字。

农历初三，月朏星堕（duò），蛾眉月挂西天。朏是新月出现，开始发光。

小篆

望

隶书

遇到"亡"字和"壬"字，
就变成了"望"字。

农历十五或十六为望日，月亮最圆。

小篆

眺

隶书

遇到"兆"字，
就变成了"眺（tiǎo）"字。

农历月末，月现西方。不知诗人谢朓，驾临何处赏月？

小篆

朝

隶书

遇到"日"字和两个"十"字，
就变成了"朝"字。

日出草中，月犹未落。迎着朝（zhāo）阳，面朝（cháo）大海。

小篆

朦

隶书

遇到"蒙"字，
就变成了"朦"字。

月朦（méng）胧（lóng），
鸟朦胧。

夕字旁

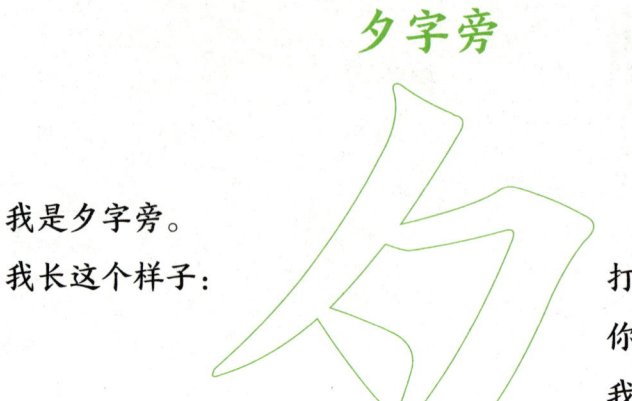

我是夕字旁。
我长这个样子：

打字的时候，
你打"xī"，
我就会现身。

我的祖先很酷。它们长这个样子：

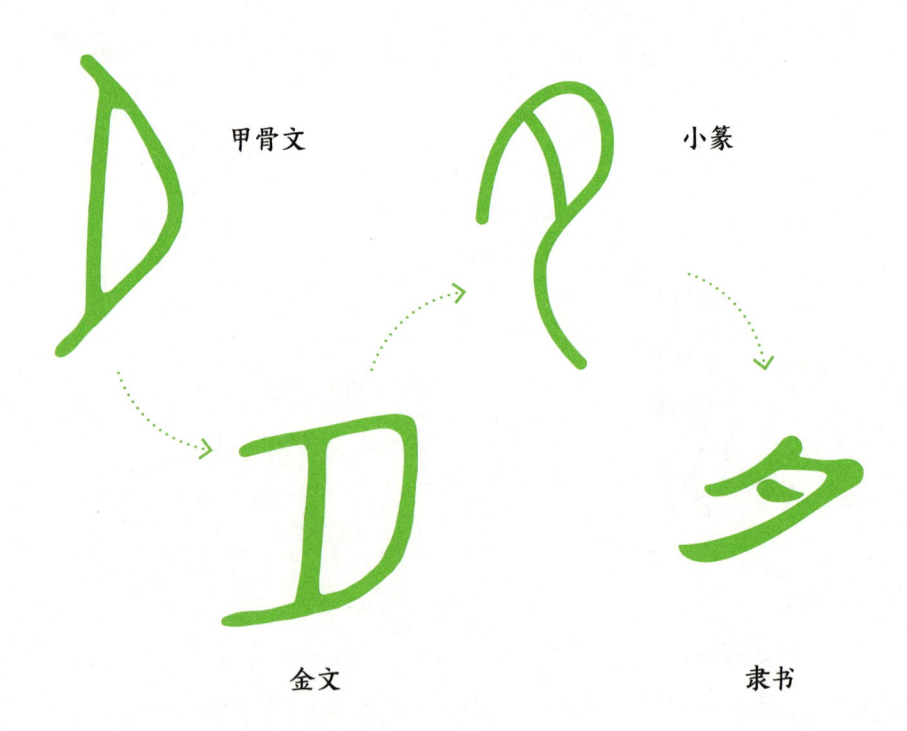

甲骨文

小篆

金文

隶书

你看我的甲骨文祖先，像不像半个月亮的形状？

后来，是不是慢慢演变成了一撇、一个横撇和一点？

我的故事

　　我呀，其实就是那个"夕"字，最初的意思是傍晚，也就是日暮，日落时分。

　　最早的时候，我和"月"字在甲骨文卜辞里同为一字，形象都是半个月亮。只不过，有的月亮里面，有一道象征月光的短竖；有的月亮里面，则没有这道短竖。因为月亮每天现身天空之时正是傍晚时分，所以也引申为傍晚的意思。又因为日月分别是白天和黑夜的象征，所以又引申出第三层意思：夜晚。

　　也就是说，甲骨文卜辞里面的我们，是"一字三义"，既指月亮，也指傍晚和夜晚。具体是哪种意思，只有联系上下文才能得知。

　　后来，为了更准确地表情达意，古人将我们

分化成了两个汉字：肚子里有短竖的，是"月"字，用来表示月亮；肚子里没有短竖的，是我，用来表示傍晚和夜晚。

自此，我开始承担起了两层意思，既指日月同在的傍晚时分，也指月高人静的夜晚时分。

"夕阳西下"和"青山夕照"里的我，指的是傍晚。

"除夕之夜"和"大战前夕"里的我，指的则是夜晚。

"日之夕矣，羊牛下来。"我想回到《诗经》那个年代，到"羊牛下来"那个地方走一走。同时，也想看一看"今夕何夕，见此良人"中的"良人"长什么模样。

"夕阳无限好，只是近黄昏。"（出自唐·李商隐《登乐游原》）

"今夕为何夕，他乡说故乡。"（出自明·袁凯《客中除夕》）

很多古诗词里都有我的身影。

我来造字

我们这个家族的汉字，主要和夜晚有关。

我通常待在我朋友的脚下，有时候也跑到其他位置。

因为我是以"夕"字的身份做偏旁，所以大家都叫我"夕字旁"。

小篆

汐
隶书

我遇到三点水（氵），
就变成了"汐（xī）"字。

晚潮为汐。

小篆

名
隶书

遇到"口"字，
就变成了"名"字。

自名为罗敷（fū）。

小篆

夜
隶书

遇到一点一横、
一撇一竖和一捺，
就变成了"夜"字。

黑鸟飞进黑夜里。

小篆

外

隶书

遇到"卜"字,
就变成了"外"字。

江流天地外,山色有无中。

小篆

梦

隶书

遇到"林"字,
就变成了"梦"字。

梦魂不怕险,飞过大江西。
"梦"是"夢"的简化字。夜晚梦中惊醒,张大眼睛。

小篆

岁

隶书

遇到"山"字,
就变成了"岁"字。

岁岁都有压岁钱。
"岁"是"歲"的简化字。"歲"字由"戌(xū)"字和"步"字组成。它最初指的是岁星,也就是木星。岁星约十二年绕天运行一圈,将这一圈划分为十二等份,每份就是一岁,也就是一年。

小篆

多

隶书

遇到我弟弟,
就变成了"多"字。

两块肉不算多,多多益善。

气字旁

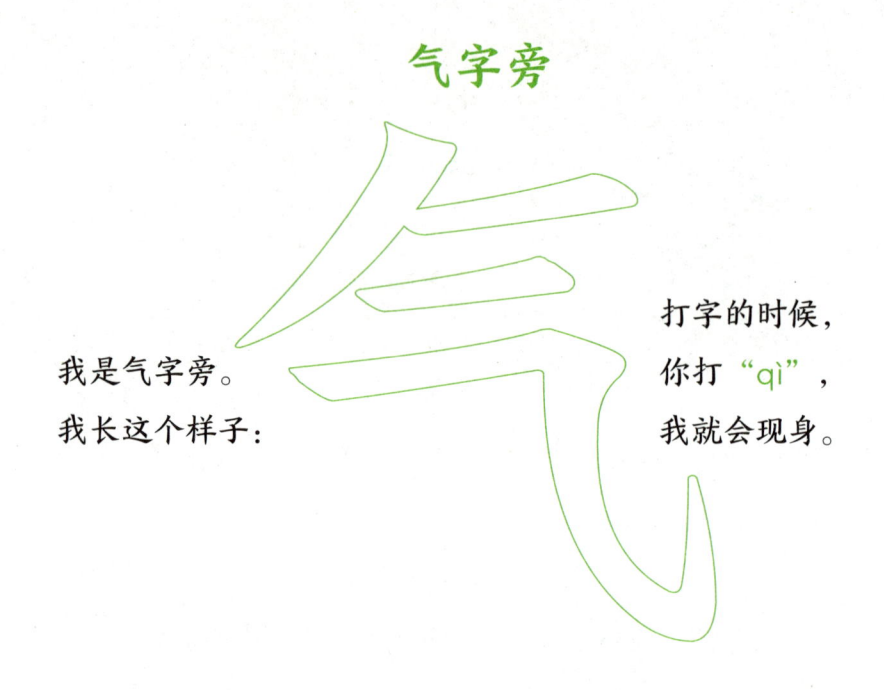

我是气字旁。
我长这个样子：

打字的时候，
你打"qì"，
我就会现身。

我的祖先很酷。它们长这个样子：

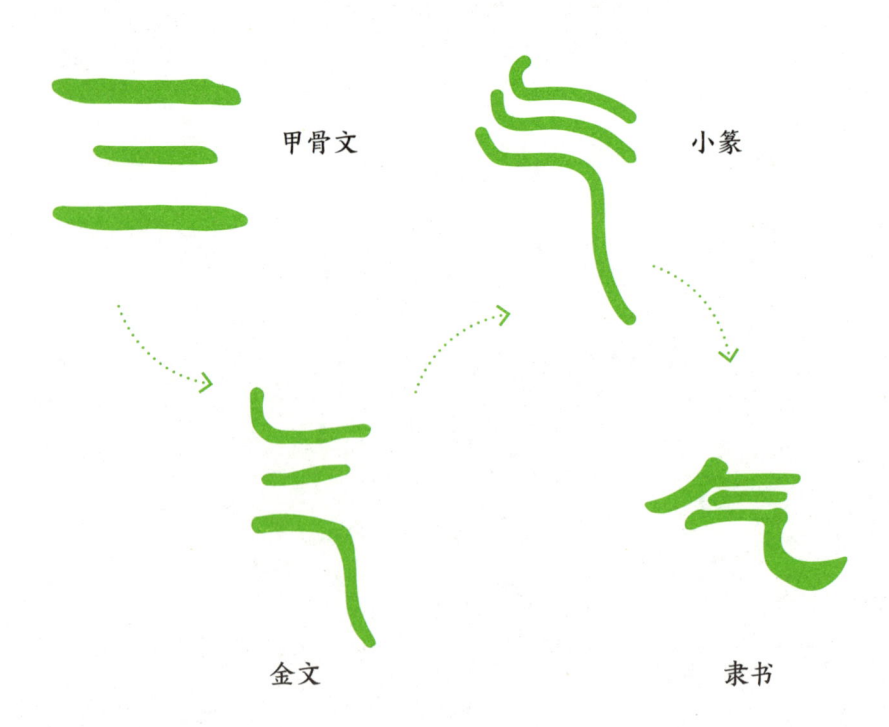

甲骨文

小篆

金文

隶书

你看我的甲骨文祖先,像不像层叠的云气?金文祖先身上的云气,是不是开始向波浪形演变,明显突出了云气的流动性?

后来,是不是慢慢演变成了一撇两横和一个横折弯钩?

我的故事

我呀,其实就是那个"气"字,最初的意思是云气。

我的甲骨文祖先看起来很像"三"字。不同的是,"三"字的三横几乎均等,我的甲骨文祖先是上下两横均等,中间一横略短。

后来,我的金文祖先上下两横弯曲变形,云气升腾的样子更加形象,看起来才和"三"字有了明显的区别。

我属于固态、液态和气态"物质三态"之一。

我没有固定的形状,可以自由流动,想去哪里就去哪里。

我是有名的好脾气。你拍我一掌,不会喊疼;踢我一脚,不会发怒。

人类却有喜怒之分。高兴的时候，喜气洋洋；烦躁的时候，怒气冲天。

他们做事，往往逃不出"一鼓作气，再而衰，三而竭"的规律。我却能时刻保持固有的气势，可以"气冲斗牛"，也可以"气吞山河"。

"山气日夕佳，飞鸟相与还。"[出自晋·陶渊明《饮酒（其五）》]

"气蒸云梦泽，波撼（hàn）岳阳城。"（出自唐·孟浩然《望洞庭湖赠张丞相》）

很多古诗词里都有我的身影。

我来造字

我们这个家族的汉字，主要和云气有关，和气体有关。

我通常像雨衣一样披在我朋友的身上，有时候也跑到其他位置。

因为我是以"气"字的身份做偏旁，所以大家都叫我"气字旁"。

小篆

汽
隶书

我遇到三点水（氵），
就变成了"汽"字。

汽车喝汽油。

小篆

忾
隶书

遇到竖心旁（忄），
就变成了"忾（kài）"字。

同仇敌忾。

小篆

氛
隶书

遇到"分"字，
就变成了"氛（fēn）"字。

营造氛围。

因 小篆

氤 隶书

遇到"因"字,
就变成了"氤"字。

水汽氤(yīn)氲(yūn),四下弥漫。

羊 小篆

氧 隶书

遇到"羊"字,
就变成了"氧"字。

吸进氧气,呼出二氧化碳。

炎 小篆

氮 隶书

遇到"炎"字,
就变成了"氮(dàn)"字。

氮气可以充轮胎和保鲜果蔬。

雨字头

我是雨字头。
我长这个样子:

打字的时候,我不知道怎么才能打出我来,好尴(gān)尬(gà)呀!

我的祖先很酷。它们长这个样子:

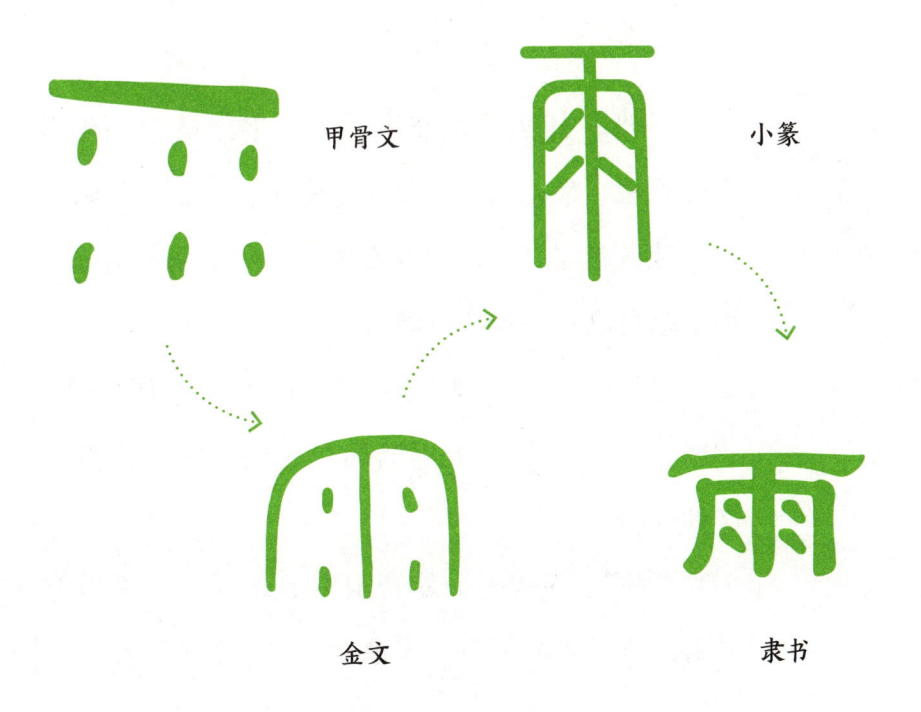

甲骨文

小篆

金文

隶书

你看我的甲骨文祖先，像不像雨滴从天上落下来的形状？上边那一横，是不是代表天空？下面那六个小点，是不是代表雨滴？金文祖先身上的天空，是不是演变成了穹（qióng）隆（lóng）形状？中间两个雨点，是不是演变成了一竖？小篆祖先身上那一横，是不是代表天空？那个"冂（jiōng）"字形的笔画，是不是代表云朵？那一竖和四个小点，是不是表示雨滴从天上的云朵里落下来？

到了我这一辈，是不是最终演变成了一横一点、一个横钩和一竖四点？

我的故事

我呀，其实就是那个"雨"字，是它分化出来的写法，最初的意思是天上降水，也就是下雨。

我既然是"雨"字的变体，自然也属于雨族，很了解自己这个家族的特性。

最早的时候，"雨"是一个动词，读音为"yù"。"密云不雨"和"天雨墙坏"里的"雨"，都是这种读法。

"雨"还是一个爱管闲事的动词。它不但能下雨，而且还能下雪、下粮食。"天雨雪"和"天雨粟（sù）"里的它，都是例证。

《淮南子·本经训》里说："昔者苍颉（jié）作书，而天雨粟，鬼夜哭。"我们这些汉字出世以后，将会戳（chuō）穿世间鬼魅（mèi）的骗人伎（jì）俩，使之无处可遁（dùn）。只是在开创文明和终结蒙昧的同时，也会导致一些人舍本逐末，抛弃耕作之业，转谋锥刀小利。

上天担心我们的出现会过度冲击农业生产，造成天下缺粮，世间饥荒，于是以"雨粟"为兆，向人们发出了警示。

"雨"字后来广泛用作名词，表示"下雨"的"雨"和"大雨"的"雨"。读音也随之变为"yǔ"。

人们习惯用它来比喻密集而下的事物。"流星雨"和"枪林弹雨"，都是这种用法。

大诗人杜甫卧病长安时曾说："常时车马之客，旧雨来，今雨不来。"这是一句感叹人情反复无常的话语，意思是说，平时经常上门的贵客，过去下雨也来，现在下雨却不来了。人们常用"雨"来借指朋友，用"旧雨"借指老友，用"今雨"借指新朋友。"旧雨重逢"，即是老友重逢。

古时候有一种鸟儿，长着一只脚，是"一足鸟"。它的名字叫"雨"，也叫"商羊"。"雨舞则雨"，是说它一跳舞，就预示着天要下雨。

雨的本身就是水，"千条线万条线，落到水里都不见"。

雨在庄稼干旱的时候落地，人们就称它为"喜雨"。如果落地的时候是春夜,就是"春夜喜雨"。

"喜雨"自然是"及时雨",总是在人们需要的时候从天而降。《水浒传》中仗义疏财和扶危济困的宋江,绰(chuò)号就叫"及时雨"。

"落花人独立,微雨燕双飞。"[出自宋·晏几道《临江仙(梦后楼台高锁)》]

"雨中山果落,灯下草虫鸣。"(出自唐·王维《秋夜独坐》)

这些古诗词里的"雨"字,让我感到非常亲切,同时跟着沾染了一番诗意。

我来造字

我们这个家族的汉字,主要和雨雪之类的自然气象有关。

我总是待在我朋友的头上。

人们习惯称我为"雨字头"。

其实,按照"草字头是艹,包字头是勹"的命名规则来讲,"雪"字是我们这个家族的常见字,我是"雪"字之头,应该叫"雪字头"为宜。

小篆

霏 隶书

我遇到"非"字,
就变成了"霏(fēi)"字。

雨雪霏霏。

小篆

雹 隶书

遇到"包"字,
就变成了"雹(báo)"字。

冰雹从天降。

小篆

雷 隶书

遇到"田"字,
就变成了"雷"字。

冬雷震震,夏雨雪。

小篆

霹
隶书

遇到"辟"字,
就变成了"霹"字。

一声霹(pī)雳(lì)震天地。

小篆

雾
隶书

遇到"务"字,
就变成了"雾"字。

风吹雾霾(mái)散。
"雾"是"霧"的简化字,甩掉
"矛"字一身轻松。

选自褚遂良书《大字阴符经》

物橇在目天
之无恩而大
恩生迅雷
生迅雷
烈

名帖赏析

褚（chǔ）遂（suì）良，唐朝宰相，"初唐四大家"（欧阳询、虞世南、褚遂良、薛稷）之一，自创"褚体"，开启"唐楷"门户。楷书《大字阴符经》系大字墨迹，为褚遂良59岁时所作，字形宽展方整，笔力瘦劲，高古飘逸，深具"二王"笔意、北碑意趣和古隶之美。

禾字旁

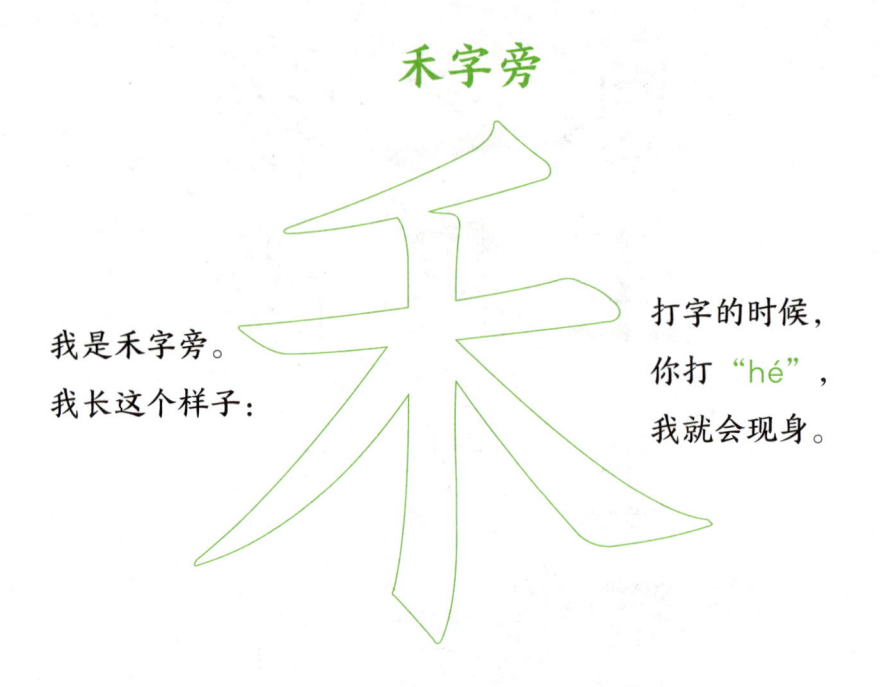

我是禾字旁。
我长这个样子：

打字的时候，你打"hé"，我就会现身。

我的祖先很酷。它们长这个样子：

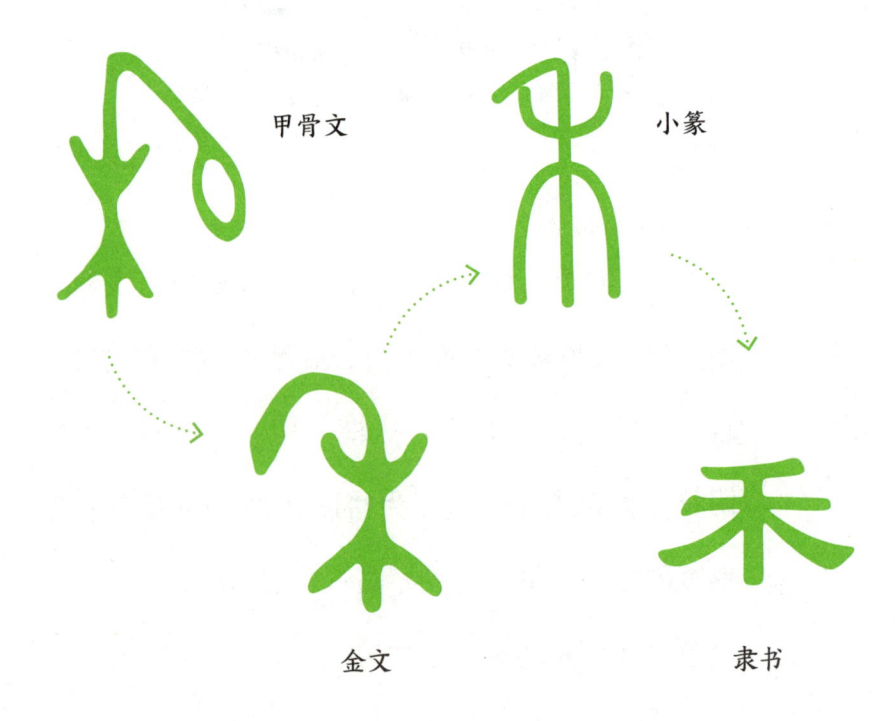

甲骨文

小篆

金文

隶书

你看我的甲骨文祖先，像不像带有沉甸(diàn)谷穗(suì)的谷子？

后来，谷穗是不是慢慢演变成了一撇？茎叶和根须是不是演变成了一个"木"字？

我的故事

我呀，其实就是那个"禾"字，最初的意思是谷子。

我二月生，八月熟，处四季之中，得阴阳之和。古人因而取"和"字之音，将我命名为"禾"。

我单株单穗，籽粒饱满，营养丰富，有"嘉谷"之称。古人喜欢用我来泛指谷类作物。久而久之，我成了谷类作物的代名词。"禾苗"也成为谷类作物幼苗的统称。

后来，人们干脆另造一个"穀(gǔ)"字，代替我来表达谷子和谷类作物这两层意思。"穀"字又采取同音代替的方法，简化成"谷"字。

古代的农作物，主要有稷(jì)、麦、稻、黍(shǔ)、菽(shū)五种。它们统称为"五谷"。

稷就是粟(sù)，俗称"谷子"，也就是我，为五谷之长。脱壳后叫"粟米"，也叫"小米"。

稻就是水稻。脱壳后叫"稻米",也叫"大米"。

麦就是小麦,俗称"麦子"。磨碎脱去麸(fū)皮后,就变成了我们吃的面粉。

黍就是黍子。脱壳后叫"黄米",可以酿(niàng)酒。

菽就是大豆,可以磨豆汁和做豆腐。

"六月禾未秀,官家已修仓。"(出自唐·聂夷中《田家》)

"楚雨禾犹绿,燕霜树已丹。"(出自宋·方回《送曹鼎臣君铸二首》)

很多古诗词里都有我的身影。

我来造字

我们这个家族的汉字,主要和农作物有关。

我通常待在我朋友的左边,有时候也跑到其他位置。

因为我是以"禾"字的身份做偏旁,所以大家都叫我"禾字旁"。

小篆

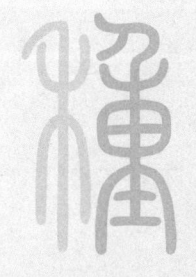

种

隶书

我遇到"中"字,
就变成了"种"字。

种(chóng)先生把种(zhǒng)
子种(zhòng)到了地里。
"种"是"種"的简化字。

小篆

稼

隶书

遇到"家"字,
就变成了"稼"字。

庄稼绿油油。

小篆

穑
隶书

遇到"啬（sè）"字，
就变成了"穑（sè）"字。

不稼不穑，不种不收。

小篆

稃
隶书

遇到"孚（fú）"字，
就变成了"稃（fū）"字。

稃是谷类作物种子的外壳。脱去外壳才能看到种子。

小篆

秬
隶书

遇到"巨"字，
就变成了"秬（jù）"字。

秬为黑黍，一稃二米。

小篆

穗

隶书

遇到"惠"字，
就变成了"穗"字。

骑羊执穗，是说有五位仙人，骑着五只不同颜色的羊，手执一茎六穗的黑黍，来到广州，教民耕种。广州因此又叫"羊城"，简称"穗"。

小篆

秉

隶书

遇到"又"字，它拦腰抓住我，就变成了"秉（bǐng）"字。

秉烛夜谈。

麦字旁

我是麦字旁。
我长这个样子：

打字的时候，
你打"mài"，
我就会现身。

我的祖先很酷。它们长这个样子：

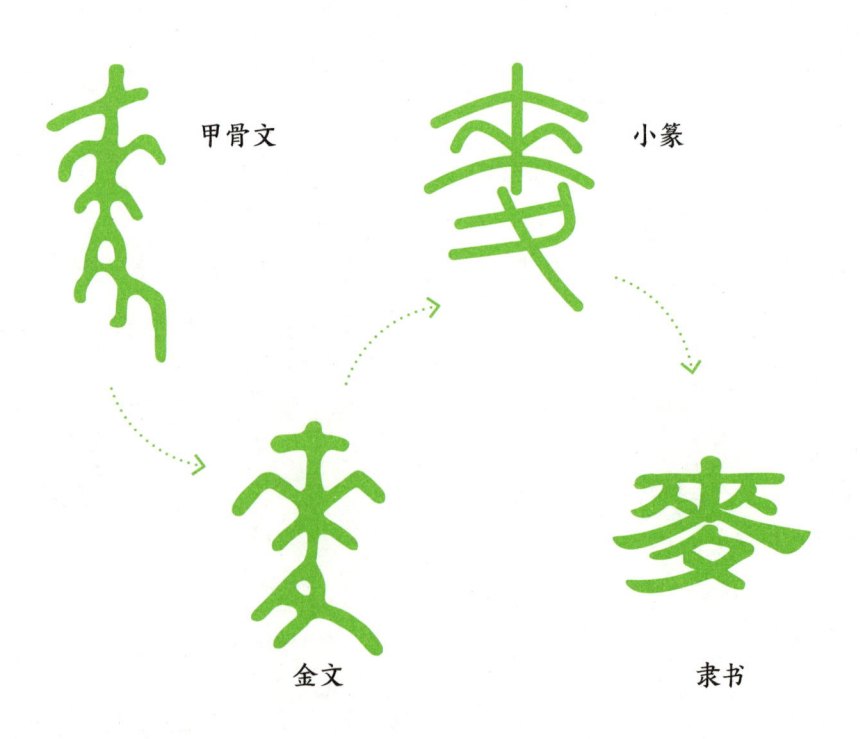

甲骨文

小篆

金文

隶书

你看我的甲骨文祖先，上边是不是"來（lái）"字？下边是不是"夂（zhǐ）"字？

到了我这一辈，是不是最终演变成了两横一竖、一横一撇、一个横撇和一捺？

我的故事

我呀，其实就是那个"麦"字，是"麥（mài）"的简化写法，最初的意思是外来的谷物，也就是小麦。

"來"字的意思本来就是小麦，是从西亚等地引进而来的一种谷物。它身上那一竖，代表的是麦茎和麦穗（suì）。那一横，是对麦穗的突出和强调。那两个形似"人"字的笔画，代表的是互生的两片麦叶。下面那三个分杈，代表的是根须。

后来，它被假借而去，专门表示"來往"的"來"。人们在它下面增加一个表示到来意思的"夂"字，另造一个"麥"字，代替它来表达小麦这层意思。

再后来，"來"字简化成了"来"，"麥"字也简化成了我。

我是稷（jì）、麦、稻、黍（shǔ）、菽（shū）"五谷"之一。

《说文解字》里说："秋种厚埋，故谓之麦。"我秋生夏死，与"埋"字韵母相同，叠韵为训。

我属于有芒之谷，穗上带有长长的芒刺。稷、稻、黍三种谷物的芒刺都已退化到极短，或者干脆没有芒刺。它们成熟后，都是禾穗低垂，一副谦虚的样子。我却不同，成熟前后都是芒穗直立，高高举起。

如今的我，和水稻、玉米同为世界三大粮食作物。中国"南稻北麦"的种植格局，也久已形成。

"硕鼠硕鼠，无食我麦。"（出自先秦·佚名《诗经·魏风·硕鼠》）

"夜来南风起，小麦覆陇（lǒng）黄。"[出自唐·白居易《观刈（yì）麦》]

很多古诗词里都有我的身影。

我来造字

我们这个家族的汉字，主要和小麦有关。

我总是待在我朋友的左边。

因为我是以"麦"字的身份做偏旁，所以大家都叫我"麦字旁"。

小篆

麰

隶书

我遇到"牟"字，
就变成了"麰（móu）"字。

"麰"字古时候也写成"牟"。来为小麦，麰为大麦。来麰是小麦和大麦的统称。《诗经·周颂·思文》里说："贻（yí）我来牟，帝命率育。"古人认为麦种是农神后稷（jì）赠送给大家的，上天命令他以此来养育万民。

小篆

麵

隶书

遇到"面"字，
就变成了"麵（miàn）"字。

"麵"字原本是"麪"的异体字，后来变成了正体字，再后来又简化成了"面"字，意思是小麦磨成的面粉，也泛指其他粮食磨成的面粉。一袋面，一般是指一袋小麦面。如果是玉米面，会直接点明为一袋玉米面。

小篆

麸

隶书

遇到"夫"字，
就变成了"麸（fū）"字。

"麸"是"麩（fū）"的简化字，意思是磨面磨出来的小麦皮。磨完面粉，背回一些麸子。洗完头，洗掉很多麸皮。头屑（xiè）等细碎的体屑形似麸子，因而也叫"麸皮"。

小篆

麹

隶书

遇到"曲"字，
就变成了"麴（qū）"字。

"麴"的简化字是"曲"。大曲（qū）和二曲（qū），不是歌曲（qǔ），也并不弯曲（qū），而是酿（niàng）酒发酵（jiào）用的酒曲（qū）。

黍字旁

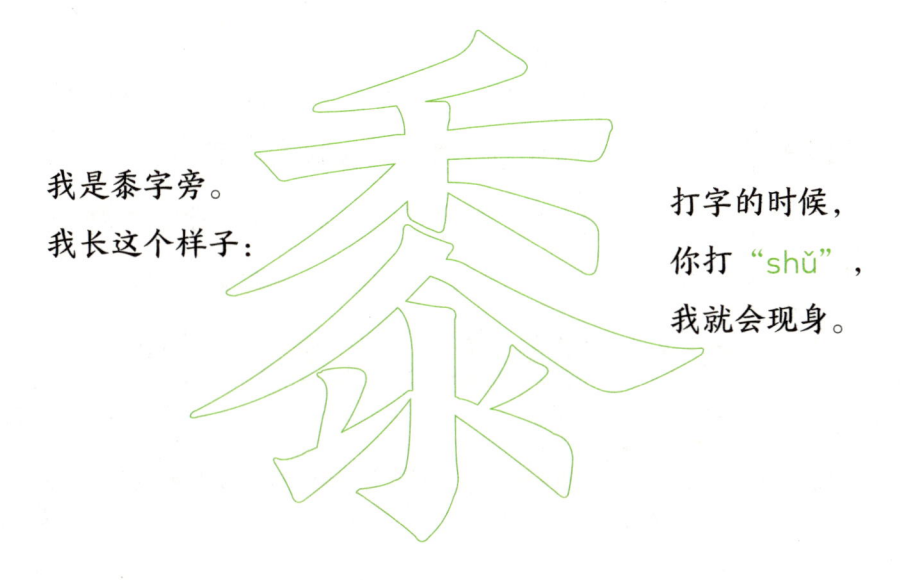

我是黍字旁。
我长这个样子:

打字的时候,
你打"shǔ",
我就会现身。

我的祖先很酷。它们长这个样子:

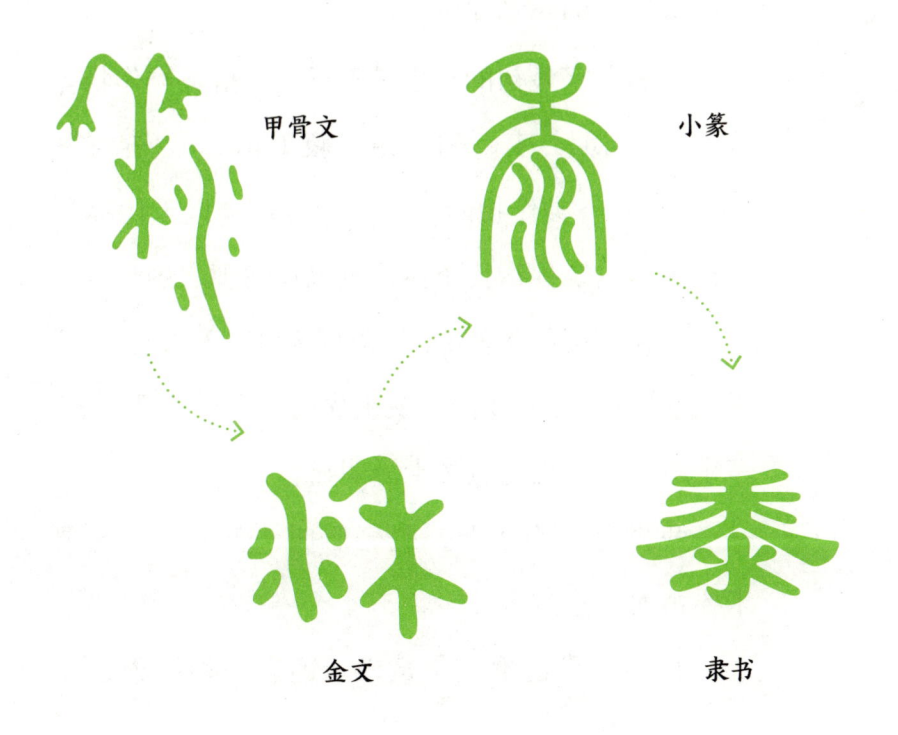

甲骨文

小篆

金文

隶书

你看我的甲骨文祖先,左上方像不像生有下垂散穗(suì)的黍子?右下方像不像流水?黍子加流水,是不是表示黍子是能够酿(niàng)成酒水的谷物?金文祖先是不是"以禾代黍",将黍子换成了表示谷物意思的"禾"字?小篆祖先是不是在"禾"字和流水之间增加了一个"入"字?

后来,是不是慢慢演变成了一个"禾"字、一个变形的"入"字和一个变形的"水"字?

我的故事

我呀,其实就是那个"黍"字,最初的意思是可以酿酒的黍类作物。

"禾"字最初的意思是谷子,泛指谷类作物。我是稷(jì)、麦、稻、黍、菽(shū)"五谷"之一,也是谷类作物的一种。金文祖先"以禾代黍",相当于是以统称指代个体,倒也在情理之中。

《说文解字》里说:"黍可为酒,禾入水也。"禾入水,可酿酒。我的小篆祖先由"禾""入""水"三字组成,会意的意味十分明显。

我俗称"黍子",脱壳后叫"黄米",比稷米要稍大一些。

其实,我也不全是黄米。还有一种黑黍,一

稃（fū）裹二米，名叫"秬（jù）"。古人视之为嘉谷，同时也是古代的一种度量单位。一粒种子为一分，一百粒种子为一尺。

我和水稻多为散穗，披垂而潇洒。稷、麦都是紧穗，看起来要沉稳和内敛（liǎn）一些。

古人常用我来酿酒、做糕。所酿之酒为"黍酒"，所做之糕为"黍糕"。

我的秸秆可以用来扎笤（tiáo）帚（zhou）。笤帚比竹子做成的扫帚要短小和灵活。

"彼黍离离，彼稷之苗……"东周时期，不知哪位大夫，行役来到西周故国的都城镐（hào）京，目睹旧时宗庙宫室沦为禾黍之地，怆（chuàng）然而作《黍离》一诗。自此，我就与故国情怀联系在一起。人们通常将亡国之痛称为"黍离之悲"。

"故人具鸡黍，邀我至田家。"（出自唐·孟浩然《过故人庄》）

"硕鼠硕鼠，无食我黍。"（出自先秦·佚名《诗经·魏风·硕鼠》）

很多古诗词里都有我的身影。

我来造字

我们这个家族的汉字，主要和黍类作物有关。

我虽然黏（nián）性大，但是也没"黏住"几位朋友，真是惭愧呀！

因为我是以"黍"字的身份做偏旁，所以大家都叫我"黍字旁"。

小篆

黏

隶书

我遇到"占"字，
就变成了"黏"字。

柳丝轻举，蛛网黏飞絮（xù）。

小篆

黎

隶书

遇到两个撇和一个横折钩，
就变成了"黎"字。

坐听松韵到黎明。

豆字旁

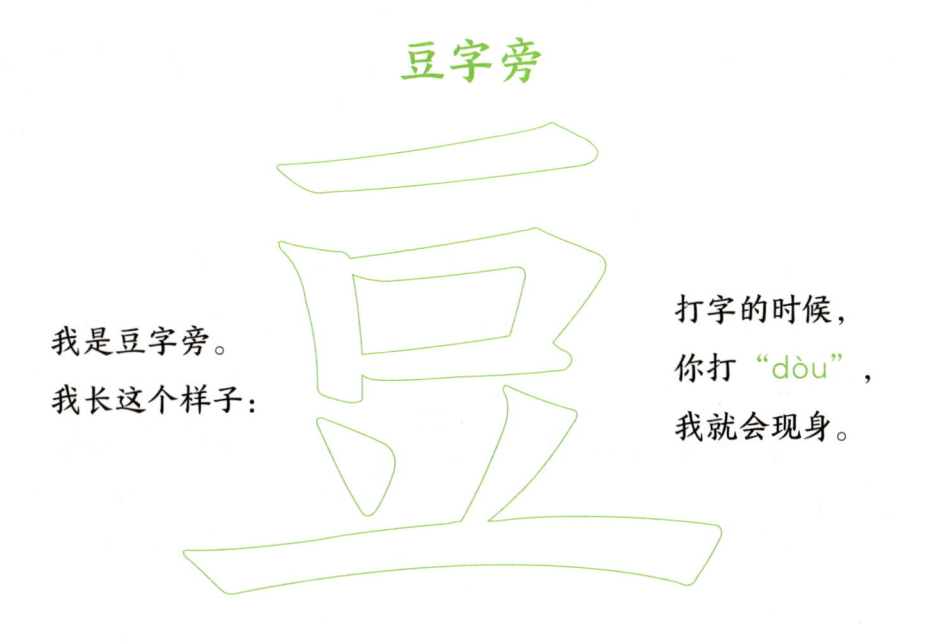

我是豆字旁。
我长这个样子：

打字的时候，
你打"dòu"，
我就会现身。

我的祖先很酷。它们长这个样子：

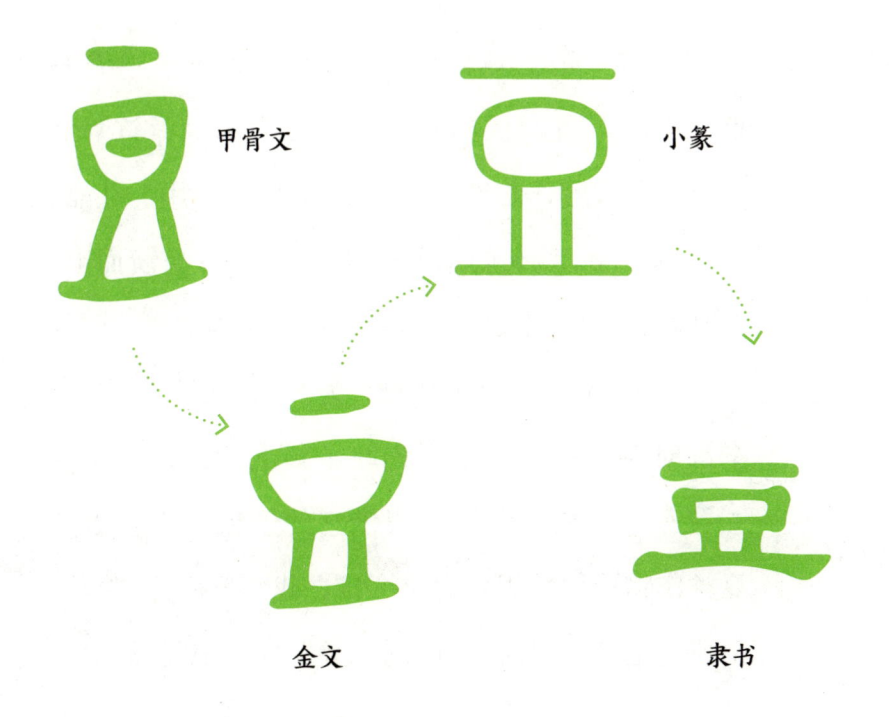

甲骨文

小篆

金文

隶书

你看我的甲骨文祖先,像不像高脚食器的形状?上边那一横,是不是代表食器盖子?中间那个半圆形的笔画,是不是代表食器肚子?肚子里那一点,是不是代表食物?下边那些笔画,是不是代表食器底座?金文祖先是不是省去了肚子里那一横?

后来,是不是慢慢演变成了一横、一个"口"字、一点和一撇一横?

我的故事

我呀,其实就是那个"豆"字,最初的意思是古代的一种高脚食器。

"木豆谓之豆,竹豆谓之笾(biān),瓦豆谓之登。"古时候的我,主要分为木豆、竹豆和瓦豆三种。瓦豆也叫"登",是祭祀(sì)用的礼器。"登"这个字,最初的意思就是手捧食器,登阶而上,进献新谷,由此又引申出升高和成熟等意思。

菽(shū)是豆类作物,为古代"五谷"之一。秦汉时期,我的小篆祖先肚子圆滚滚的,形状像一粒菽。"菽"字经常假借它的形象,用来表达豆类作物这层意思。时至今日,我们反而比"菽"字盛行起来。人们一提到"豆"字,就会想到豆类作物，食器这层意思反而很少有人知晓了。

马铃薯生在土里，长得圆滚滚的，形似我们豆类作物的种子（豆子），因而也叫"土豆"。你如果长得也像我们豆类作物的种子，不妨也用我来起名字。

孟子说："一箪（dān）食，一豆羹（gēng），得之则生，弗（fú）得则死。"我希望大家能重新记起我的食器身份，同时也祝愿人人都有饭吃，有汤喝。

二月二龙抬头的那天，也别忘了炒糖豆给孩子吃。

"种豆南山下，草盛豆苗稀。"[出自晋·陶渊明《归园田居（其三）》]

"煮豆燃豆萁（qí），豆在釜（fǔ）中泣。"（出自三国·曹植《七步诗》）

很多古诗词里都有我的身影。

我来造字

我们这个家族的汉字，主要和豆类有关，和食器有关。

我通常待在我朋友的左边，有时候也跑到其他位置。

因为我是以"豆"字的身份做偏旁，所以大家都叫我"豆字旁"。

小篆

豇

隶书

我遇到"工"字,
就变成了"豇(jiāng)"字。

豇豆豆荚双生,两两并垂。

小篆

豉

隶书

遇到"支"字,
就变成了"豉(chǐ)"字。

用黑豆或者黄豆做豆豉咸菜。

小篆

壹

隶书

遇到"士"字和秃宝盖(冖),
就变成了"壹"字。

壹贰叁肆伍陆,柒捌玖拾佰仟。

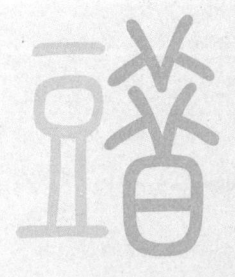

小篆

醋
隶书

遇到"昔（xī）"字，
就变成了"䴬（chǎi）"字。

把豆子和玉米碾（niǎn）成碎片，
变成豆䴬子和玉米䴬子，做糊肚
（糊糊）填饱肚子。

小篆

豌
隶书

遇到"宛（wǎn）"字，
就变成了"豌（wān）"字。

豌豆的卷须柔弱宛宛，善于攀缘。
宛宛，形容屈曲盘旋的样子。

小篆

腇

隶书

遇到肉月旁（月），
就变成了"脰（dòu）"字。

婴脰之玉是戴在颈项上的美玉。
白脰鸟是白脖子鸟。

小篆

痘

隶书

遇到病字旁（疒），
就变成了"痘（dòu）"字。

出水痘，会传染。青春痘，各长各的。

香字旁

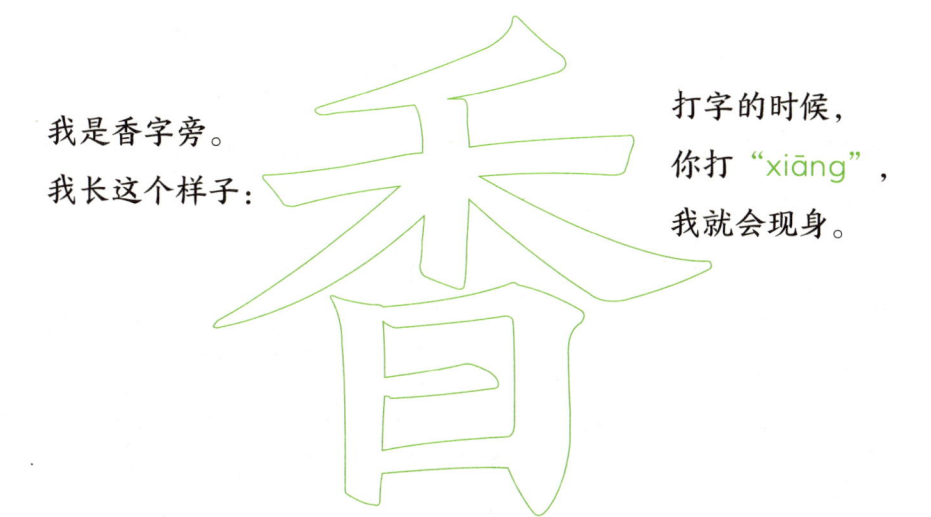

我是香字旁。
我长这个样子：

香

打字的时候，
你打"xiāng"，
我就会现身。

我的祖先很酷。它们长这个样子：

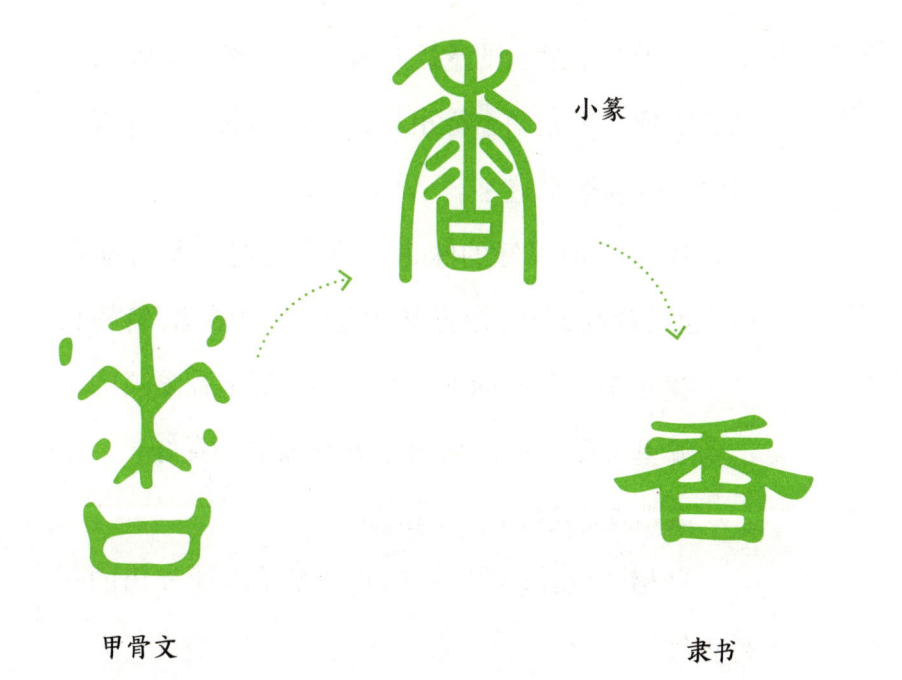

小篆

甲骨文　　　　　　　　　隶书

你看我的甲骨文祖先，上边像不像带有麦粒的麦子？下边是不是"口"字？麦粒和"口"字组合在一起，是不是代表谷物入口，香甜可口？小篆祖先是不是演变成了"黍（shǔ）"字和"甘"字的组合体？

后来，是不是慢慢演变成了一个"禾"字和一个"日"字？

我的故事

我呀，其实就是那个"香"字，最初的意思是谷物香甜可口，泛指气味芬芳。

"禾"字最初的意思是谷子，泛指谷类作物。我的甲骨文祖先和小篆祖先，分别选取了"五谷"当中的麦和黍来造字。

我是一种很好的味道，不论何时总是香甜可口，让人食欲大开。饭香菜香肉亦香的感觉，特棒！

我还是一种好闻的气味，天天都是香喷喷的，走到哪里都受欢迎。鸟语花香的感觉，真好！

我既是形容词，也是名词。

"檀（tán）香"里的我，是檀木所发出的一种香气。

"麝（shè）香"里的我，是雄麝分泌物，带有独特的香气。

"一炷（zhù）香"和"烧香拜佛"里的我，是用香料做成的细长形的香柱。点着后，青烟袅袅（niǎo），香气四散。

"怜香惜玉"里的我，用来借指女人。女性喜欢涂脂抹粉，身上有香气，能"闻香识女人"。

我还能做动词。"香一个"就是亲一下的意思。脸上经常涂脂抹粉，是香脸，亲一下的同时也会闻到香味。

我的对立面是"臭"。人人都想香飘万里，不想遗臭万年。

我从不掩饰自己，做事顺其自然，能发幽香的时候就发幽香，能发清香的时候就发清香，能发浓香的时候就发浓香。

"零落成泥碾（niǎn）作尘，只有香如故。"（出自宋·陆游《卜算子·咏梅》）

"疏影横斜水清浅，暗香浮动月黄昏。"[出自宋·林逋（bū）《山园小梅（其一）》]

很多古诗词里都有我的身影。

我来造字

我们这个家族的汉字,主要和香气有关。

我通常待在我朋友的左边,有时候也跑到其他位置。

因为我是以"香"字的身份做偏旁,所以大家都叫我"香字旁"。

小篆

馚
隶书

我遇到"分"字,
就变成了"馚"字。

金炉晓炷(zhù)以馚(fén)氲(yūn),银炬(jù)宵燃而炫耀。馚和氲,意思都是香气。馚氲,意思是香气浓郁。

小篆

馝
隶书

遇到"必"字,
就变成了"馝"字。

异香馝(bì)馞(bó),神钟髣(fǎng)髴(fú)。馝馞和馚氲,都是香气浓郁。髣髴,即"仿佛",意思是依稀、隐约。

小篆

馥

隶书

遇到"复"字,
就变成了"馥(fù)"字。

花园里芬芳馥郁。馥郁,意思是香气浓厚。

小篆

馨

隶书

遇到"殸(qìng)"字,
就变成了"馨(xīn)"字。

馨香远播。馨香是散布很远的香气,也用来比喻好的名声。
"殸"是"磬"的本字,是它最初的写法,指的是一种形如曲尺的打击乐器,最早是用石头做的,也有玉磬、金属磬。

米字旁

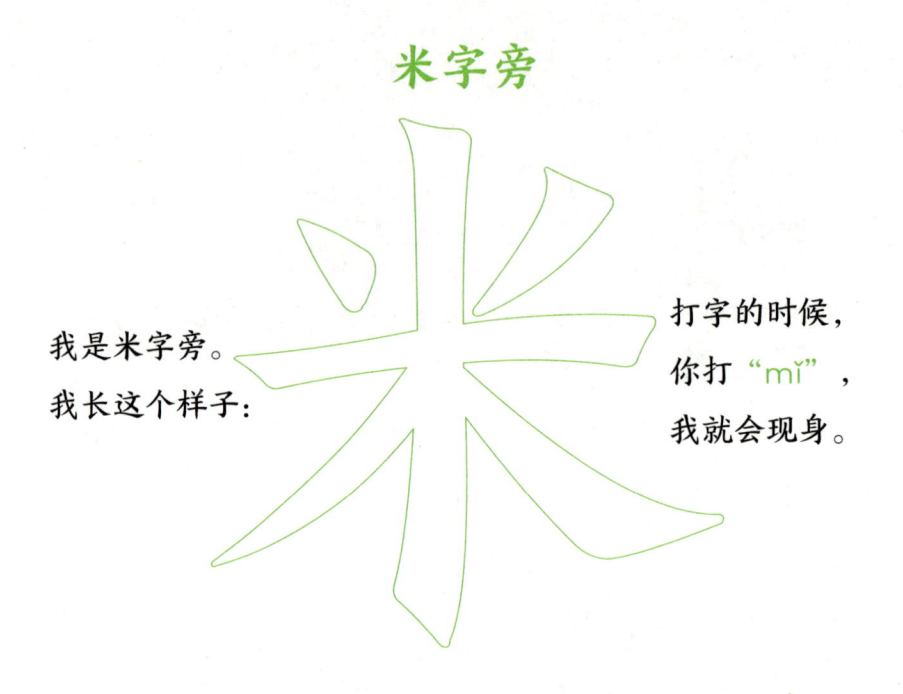

我是米字旁。
我长这个样子：

打字的时候，
你打"mǐ"，
我就会现身。

我的祖先很酷。它们长这个样子：

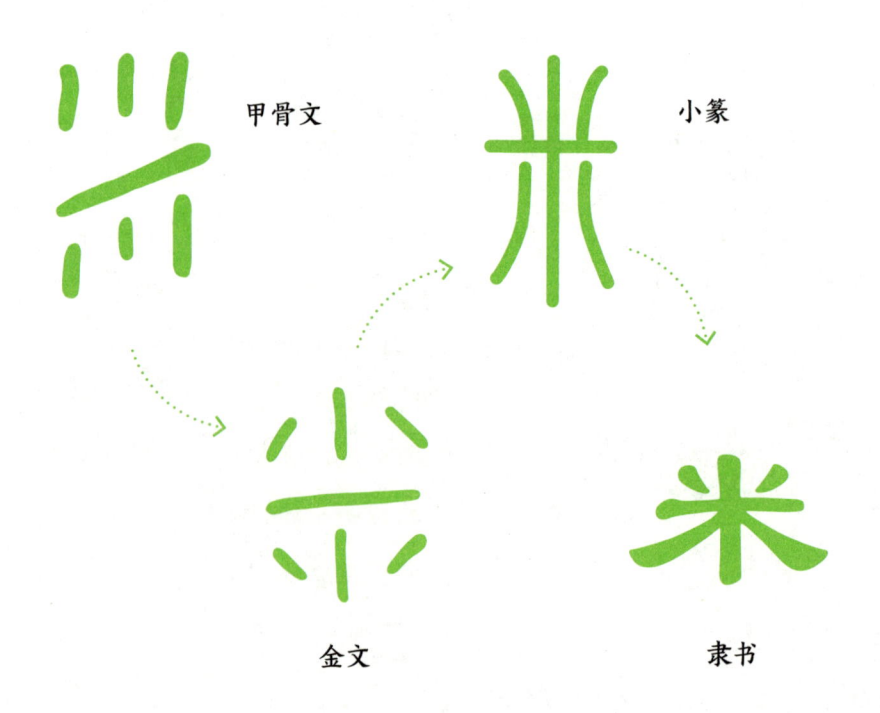

甲骨文

小篆

金文

隶书

你看我的甲骨文祖先，像不像从穗（suì）梗上脱落的米粒？中间那道斜线，是不是代表穗梗？上下那六个小点，是不是代表米粒？小篆祖先中间那两粒米粒，是不是连成了一竖？

后来，是不是慢慢演变成了一点一撇、一横一竖和一撇一捺？

我的故事

我呀，其实就是那个"米"字，最初的意思是脱壳后的谷子。

《说文解字》里说我是"粟（sù）实"。粟就是谷子，脱壳后叫"小米"。

人们也习惯用我来泛指谷类作物脱壳后的籽实。

稻子脱壳后，比小米大很多。人们称之为"大米"。我因而又有大小之分。大米和小米的称呼，是不是很有烟火气息？是不是很温暖，很亲切？

谷类作物通常是"一稃（fū）一米"，一粒谷壳里只有一粒籽实。名为"秬（jù）"的黑黍（shǔ），却是例外，为"一稃二米"。

花生种子和粟米、稻米一样，都需要脱壳而得。脱壳为"米"，故以"花生米"称之。

"凡虾之大者，蒸曝（pù）去壳，谓之虾米。"这句话说的是虾米的制作方法。海米即是将海虾煮熟晾干，去掉皮壳和虾头制作而成。脱壳的虾也是"米"，人们的想象力真是美爆了！

我还是一种国际长度单位，是英语单词"meter"的音译词。一米等于三尺。

我由"倒八字"、"十字"和"八字"组成。人们喜欢用我来借指八十八岁寿辰，称之为"米寿"。

我最怕象鼻虫。遇到它，寿限可就到了。它的嘴巴顶在头上，细长下弯，酷似象鼻，专吃我们这些谷物种子。为了方便吃我们，它甚至进化到从不喝水的程度，仅靠自身代谢就能产生水分，无须从外界摄取。据说它的头部能做360度旋转。我怀疑如此旋转之后，会不会把它的脖子拧断？

"地僻民风古，年丰米价平。"（出自宋·苏轼《江村》）

"天寒负米客，日暮倚门人。"（出自宋·丘葵《归侍》）

很多古诗词里都有我的身影。

我的故事

我们这个家族的汉字,主要和粮食有关。

我通常待在我朋友的左边,有时候也跑到其他位置。

因为我是以"米"字的身份做偏旁,所以大家都叫我"米字旁"。

小篆

籼

隶书

我遇到"山"字,
就变成了"籼(xiān)"字。

稻米分为籼米、粳(jīng)米和糯(nuò)米三种。籼米和粳米米粒透亮,糯米米粒浊白。籼米细长苗条,粳米和糯米体形粗短。

小篆

糠

隶书

遇到"康"字,
就变成了"糠(kāng)"字。

糠米本是相依倚,被簸(bǒ)扬作两处飞。糠是农作物脱粒时从种子上脱落下来的外壳,常见的有稻糠、麦糠和谷糠等。禾黄稻熟,吹糠见米现新粮。"糠"原本是"穅"的异体字,现在以"糠"为正体字。

小篆

糁

隶书

遇到"参"字,
就变成了"糁"(sǎn)字。

"糁"是"糝"的简化字,最初指的是加入米粒和肉丁熬成的羹汤。它还有一个读音为"sá"。糁为临沂名吃,据说传自西域(yù),初名为"肉糊",带有麦仁,类似于羹汤。玉米糁(shēn)则是用玉米磨成的碎粒,也叫"玉米碎"。

糖
小篆

糖
隶书

遇到"唐"字,
就变成了"糖"字。

有种糖果叫"有没有糖"。李雷和韩梅梅说,不给糖就捣乱。

咪
小篆

咪
隶书

遇到"口"字,
就变成了"咪"字。

小猫咪咪叫。

选自米芾书《木兰辞》

> 兰是女娘雄兔脚
> 扑朔雌兔眼迷
> 离两兔傍地走安

名帖赏析

《木兰辞》，又名《木兰诗》，是一首北朝民歌，与汉乐府诗《孔雀东南飞》合称"乐府双璧"。米芾（fú），北宋著名书法家、画家，"宋四家"（苏东坡、黄庭坚、米芾、蔡襄）之一，官至礼部员外郎（南宫舍人），世称"米南宫"。米芾书《木兰辞》，又名《米南宫木兰辞》，该作系行书，纵横挥洒，高迈豪放，刚柔并济，秀丽飘然。